贝页
ENRICH YOUR LIFE

组合投资新思维

5大策略构建风险市场下的高收益投资组合

[美]德里克·摩尔(Derek Moore) 著　李是 译

BROKEN PIE CHART

5 Ways to Build Your Investment Portfolio
to Withstand and Prosper in Risky Markets

文匯出版社

图书在版编目（CIP）数据

组合投资新思维：5大策略构建风险市场下的高收益投资组合／（美）德里克·摩尔（Derek Moore）著；李是译. — 上海：文汇出版社，2021.3
ISBN 978-7-5496-3425-5

Ⅰ.①组… Ⅱ.①德…②李… Ⅲ.①金融投资—组合投资 Ⅳ.①F830.59

中国版本图书馆 CIP 数据核字（2021）第033200号

BROKEN PIE CHART: 5 WAYS TO BUILD YOUR INVESTMENT PORTFOLIO TO WITHSTAND AND PROSPER IN RISKY MARKETS by DEREK MOORE
Copyright© 2018 EMERALD PUBLISHING LIMITED
This edition arranged with Emerald Publishing Limited through Big Apple Agency, Inc., Labuan, Malaysia.
Simplified Chinese edition copyright: 2021 Golden Rose Books Co., Ltd.
All rights reserved.

本书中文简体专有翻译出版权由Emerald Publishing有限公司通过大苹果版权代理公司授予上海阅薇图书有限公司。版权所有，侵权必究。
上海市版权局著作权合同登记号：图字09-2020-1013号

组合投资新思维：5大策略构建风险市场下的高收益投资组合

作　　者／（美）德里克·摩尔
译　　者／李　是
责任编辑／戴　铮
封面设计／王重屺
版式设计／汤惟惟
出版发行／文汇出版社
　　　　　上海市威海路755号
　　　　　（邮政编码：200041）
印刷装订／上海颛辉印刷厂有限公司
版　　次／2021年3月第1版
印　　次／2021年3月第1次印刷
开　　本／880毫米×1230毫米　1/32
字　　数／148千字
印　　张／7.25
书　　号／ISBN 978-7-5496-3425-5
定　　价／58.00元

献给 Kelly 和 Jackson

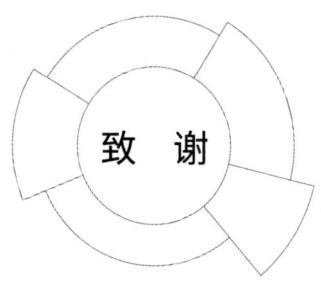

致 谢

首先,我想要感谢我的家人在我编写这本书时给我的支持,本书耗时了很多个夜晚和周末。感谢你们,Kelly 和 Jackson。

特别感谢我的经纪人 Jeanne Levine,和她一起工作非常棒。是她帮助我把这个项目从最开始的一个提议变成了现在的成果。

同样地,我也不能忘记 ZEGA Financial 有限公司的团队,其中有 Jay Pestrichelli、Wayne Ferbert、Mick Brokaw 和 Jillian Baker。

感谢 Emerald 出版有限公司的高级编辑 Charlotte Maiorana,她即刻就对这个项目表达了信心。

最后,我想对我的父母说声感谢,谢谢他们从小给我读了很多书。我有一天一定会写一本自己的书。

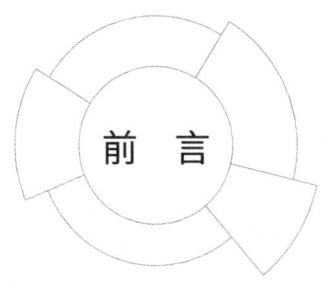

前　言

2008年金融危机是否教会了我们什么？

直到2008年大萧条之前，很多投资者采用的依然是某种形式的传统资产组合。那种可以在对账单里用一个漂亮的饼图来展示的混有股票和债券的组合。很多人惊讶地发现这种方法并没能保证他们的资产免于严重贬值。你可能会觉得以后的情况会不一样？以后我们会采用很多新方法来构建资产组合？可惜的是，我认为我们使用的依然是同样的方法。

虽然投资组合的饼图可以依照我们当前市场的情况来拆分解析，但是在这块内容上，我并没有看到媒体使用这种方法。我写这本书的动机是想要强调为什么传统的资产组合配置方法在接下来的几十年可能会失效。我们引用的年化历史收益率经常是用过去多年的数据算出来的。但很遗憾的是，很多个人投资者可能只有10年、15年或20年的时间来做投资交易。他们能在自己投资活动最活跃的这些年实现平均收益率吗？或者更差的收益率？万一市场突然剧烈修正会发生什么呢？万一市场停滞不前，只能提供很小的累计收益率该怎么办呢？

在后面的章节中，我们将会探索为什么在接下来的几十年里，传统的资产组合配置方法可能不是你通向成功的最好机会。我们会来研究债券在10年或20年里收益率接近为零的可能性，也会讨论如何使用新的资产类型来使你的投资饼图变得更现代化。我写这本书的目标之一就是帮助你尽可能地将你退休前的资产价值和你在退休后能够支持自己所希望的生活方式的能力最大化。

我们发现，现在人们越来越多地把注意力放在追踪主要市场的交易所交易基金（Exchange Traded Funds，简称ETF）上。我们看到世界各地的中央银行资产负债表上资产的数值都达到了史上最高点。美国联邦储备系统（以下简称美联储）不确定能不能缩减自己的资产负债表。很多地区的利率达到了500多年以来的最低点。持续压低利率这种近乎扭曲的行为导致了未来的收益在以低利率折现时几乎没有减小多少。

当我们观察世界各个国家正在积累的债务的总和时，单单想到如果利率上升，其债务所产生的利息会变得多大就十分令人吃惊了。即使在现在这个利率很低的时期，债务依然在持续增长，并将会涨到令人没法相信还可以被控制的程度。

如果你观察经济变化，会发现当失业统计数据（从历史标准来看）在慢慢接近充分就业状态时，实际工资从2008年大衰退之后并没有真的增长多少。所有增加的货币供应最终可能会导致通货膨胀，或者增长率可能会停留在某种意义上的低增长率环境中。

利率低时，投资者无法从传统债券中获得很多收入，那些主要投资于经典资产组合、快要退休的人可能没办法在接下来的10年里获得高于通货膨胀率的实际收益率。更坏的情况是，利率大涨，所有债券基金市值都会大幅缩水。

前言
Preface

当我们看如何衡量一个投资组合是否成功时,我们总会听到一个60∶40的投资组合收益表现如何这样的信息。或者从长期来看,股票和债券产品的某种组合是怎么样提供给投资者一个很不错的平均年化收益率的。但是如果一个投资者离退休只有10年了,为什么还要冒达不到平均收益率的风险呢?考虑到在有些较长的阶段,收益率相对来说比较小而且还带有市场修正,更合理的做法难道不应该是寻找新的方法和替代品吗?经常发生的情况是,为退休攒钱的人们需要增长率,但是因为没有下行保护所以无法承担股票的下行风险。

说到下行,各种类型的投资表现比率经常是基于过去几年的标准差或者波动率的,它们可能会使某些有特殊目标的人群忽略对自己真正有用的信息。越来越频繁地,我们持续地看到投资者和退休储蓄被打包成某种基于他们的年龄而不是需求的资产组合。有些时候,那些投资组合并不能真正被人理解,并且很不幸,组成投资组合的成分中还会有内生的下行风险。

随着我们往下看发现,投资者需要考虑自己距某个特定的事件(比如退休)所剩的年限。使用风险承受能力和年龄来构造投资组合,并且用超过100年的历史收益率来计算未来收益率的这种方法很可能会使人们投资失败。多年以来,股票和债券的组合看起来是能够平衡风险的。股票可以提供给投资者价值的增长,同时债券可以带来不错的年化利率。这些利息报酬使得投资者在放弃饼图中的这一部分的增值时,感受到明显差异,因为投资固定收益类产品的成本并不是很高。

我们很快将会发现,从1981年最高点开始连续下降35年的利率已经给债券基金带来了多年的巨大收益。如果利率继续保持在低点,仅仅靠勉强高过通胀率一点点的利息报酬几乎没办法让投资人获益。如果利率走高,即使市场出错的可能性已经比以前小了,利率仍有可能会给市场价值带来像20世纪70年代那样的打击,因为与当时不同的是,票息收入已经不再是两位数了。

投资组合的构建需要抓住资产峰值效应的时机。那种有5年时间投资但是需要价值增长来迅速提升退休后收入的投资者可能不会只想用老式的、基于年龄的资产组合方式。很多投资者都有10~15年的时间来把收益率最大化。仅靠他们投资在大牛市的这一段时间是不够的。万一市场表现有几年不如预期怎么办?万一市场突然像21世纪早期左右和2008—2009年那样大幅下跌怎么办呢?

好消息是,如果你知道在哪里寻找,其实已经有新型的饼图存在了。随着市场的进步,我们可以使用期权组合策略来对冲和缓解风险。投资组合的构建可以利用做空市场中波动率极大时的风险溢价的这种策略。不幸的是,在401k计划[1]中可以选择的大部分投资组合还仅仅是经典的标准资产类型的混合。

投资组合目前的构建方式仍源自20世纪五六十年代。但是我们的手机早就更新换代了,开的汽车也不是当年的那种了。允许我冒昧问一句:为什么我们还在使用和当年一样的资产配置方式?如果我们要为这个债券收益率很低、价值增长很小的年代做好准备,资产分配方式应该变得更现代化。

---

[1] 401k计划是美国使用最广泛的养老保险计划。(如无另行说明,本书注释均为译者注。)

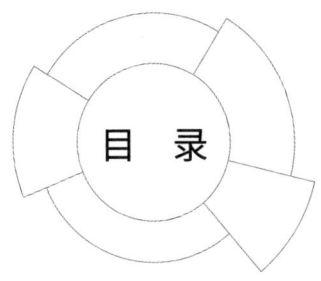

目 录

致谢 　　　　　　　　　　　　　　　　　　　　　　Ⅲ
前言：2008年金融危机是否教会了我们什么？　　　Ⅴ

第 1 章　你的饼图里有什么？　　　　　　　　　　　1
第 2 章　为什么债券过去的表现不代表未来的结果？　20
第 3 章　目标日期基金的意外　　　　　　　　　　　38
第 4 章　为什么分散投资失效了？　　　　　　　　　55
第 5 章　如果我们的投资组合遭遇横盘或者下跌会怎么样？　71
第 6 章　这一次不一样？　　　　　　　　　　　　　91
第 7 章　为什么收益的顺序很重要？　　　　　　　　111
第 8 章　硬缓冲和对冲　　　　　　　　　　　　　　128
第 9 章　波动率是一种新兴的资产类型　　　　　　　150
第 10 章　使用复合产品构建有保护的仓位　　　　　169
第 11 章　风险调整后收益很重要　　　　　　　　　188
第 12 章　最后的想法　　　　　　　　　　　　　　206

参考文献　　　　　　　　　　　　　　　　　　　　211

第1章

你的饼图里有什么？

大部分招股说明书和免责声明里通常都会写明过去的业绩并不代表未来的成功。但是在寻求构建收益率最高且风险最小的投资组合时，很多人都会使用历史业绩来搭建经典投资组合的框架。很多年以来，投资者构建的投资组合都是混合了股票和债券的。这些投资组合常常会以一个个精致的饼图来呈现，用来说明分配给每种资产类型的百分比是多少。最激进的投资者可能倾向于把100%的钱全投在股票上，而一个保守的人可能会把几乎100%的钱投在债券上。为了减小投资组合的年化波动率而转向同时投资股票和债券是一件很自然的事情，尤其是当人们快要退休的时候。

于是，投资组合就以它们的资产结构来命名了。很多人会用长期的历史收益率来证明，在过去成功的方法在未来将依然适用。要算出一个人可以在股票上投资百分之多少，一个最简单的方法可能是用100减去这个人的年龄。一个40岁的人可以用这个公式做点简单的数学运算，并得到一个60%投资在股票、40%投资在债券的结果，如图1的饼图所示。

但是这种方法在未来一二十年内还会有效吗？你看，一般我们得到的历史收益率代表了过去很多年,有些甚至能追溯到19世纪末期的收益率。债券的收益率,比如长期、中期、短期的国库券收益率,包含了那些从历史上来看是牛市的、高利率持续了几十年的阶段。如果所用的年限够长,当市场自我修正时,时间会消除收益率中短期震荡带来的影响。如果使用表1中的总收益率,我们可以看出从1928年到2016年,标准普尔500指数和美国10年期国债的连续到期日。

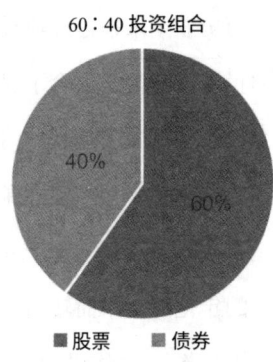

图1 经典的60%股票和40%债券的资产配置方式

表1 1928—2016年的平均年化收益率、标准差和标准差范围

	标准普尔500指数的总收益率(%)	美国10年期国债的总收益率(%)
平均年化收益率	11.42	5.18
标准差	19.59	7.72
1倍标准差范围	-8.17 ~ +31.01	-2.54 ~ +12.90
2倍标准差范围	-27.76 ~ +50.60	-10.26 ~ +20.62

资料来源:纽约大学斯特恩商学院教授埃斯瓦斯·达莫达兰。

1.1 历史平均收益率

以上提到的这些都有道理,但是投资者在未来到底会取得历史平均收益率还是其他的收益率呢?你看,其实问题出在很多个人投资者只能用一段时间来实现他们的投资目标。市场曾经出现过那种在一段时间内发生了好几次抛售的阶段。还有一些阶段内,10年期或更长时间的累积增长率可能几乎为零——对投资者来说就是所谓的"失去的十年"(lost decade)[1]。正如我们稍后会看到的,债券市场一直在使用历史数据,但是这些历史数据在未来10~20年会不会重现并不能确定。

1.2 投资者的生命周期

通常,投资者正处在自身投资生涯的不同阶段。你可能听过这类被称作累积阶段、保值阶段和分配阶段的周期。累积阶段是投资者建立账户和投入资产的阶段。投资者包括那些有能力把多余的资金放入应税账户和参加公司401k计划的人。固定地把钱投入公司的养老金计划使得每月的薪水都可以以定投的方式进入投资组合。

接下来是保值阶段,它的目标是实现小幅度的增值但同时去除资产组合的风险,以期实现更小的波动率和下行损失。不过我对这

---

[1] 失去的十年,是指一个国家或地区陷入长期经济不景气持续达10年左右才逐渐转好的情况。

个阶段有一点不一样的看法。正如我们接下来会看到的，在资产组合的饼图里加入新的资产类型可以使投资者在不同的市场条件下都能获得潜在收益，使他们在同一个板块的投资比率更高，同时也可以对冲下行风险。这是一个很关键的阶段，因为在这个时候投资者已经拥有了一些可供操作的基础资产。很多人称这个阶段为保值阶段，但我更愿意叫它基础资产最大化阶段。这是一个很关键的阶段，因为灾难性的下跌或者收益率为零或很低的时段可能会使投资者延迟退休，并影响退休以后的生活质量。实际上，在离退休还有15年时，很多人都能够把他们账户上的钱变得更多。他们的目标应该是在力求保值的前提下找机会提高资产组合的价值。但问题是，像股票市场和债券市场这样的传统市场在这个阶段将会提供怎样的收益率呢？

最后是分配阶段，投资者将会从资产组合里提款来为收入需求提供资金。这个阶段也同样重要。当我们考虑到提款，我们指的是定期地提款并将其用作收入，因为投资者已经没有像以前一样的工资可以领了。这些资产能够维持多久是三个因素共同作用的结果：退休后的资产收益率、通货膨胀率和已经取出的金额数。以前，把自己的投资组合转变为基本上全是债券的投资组合是一件不需要多想的事情。但是正如我们将会讨论到的，是时候把新的资产类型加入我们的饼图了。人们需要一些经典资产分配的替代方案，因为在接下来的10年，债券所提供的总收益率可能会很低。

1.3 投资者可能无法实现短期平均收益率

投资者用来从各类市场上赚到他们所需要的钱的时间有限，因此，使投资组合现代化对他们而言很重要。人们没有100年这么长的时间来实现平均收益率。他们有真正的目标和野心。他们想要有能力赚到钱并支持自己的生活方式。有些调查结果表明（Gallup，2014），在30～64岁的人群中，有平均69%的人担心自己退休以后钱不够花。虽然随着时间的推移，股票给投资者们创造了某些市场最高的年化收益率，但是它们也有过大幅下跌的阶段。

股票有过收益率极高的阶段，也经历过长期亏损。如果一个人处在资产最大化阶段，同时股票进入了一个收益率极高的神奇时期，那么他对退休的恐惧可能会消失，或者至少被大大地削弱。股票的年收益率等于其市值的变化和股票股息结合求出的总收益率，但是这种情况不考虑非限制性账户所缴纳的资本收益税。我们也可以通过观察某个标的指数（如道琼斯指数）时间点对时间点的累计收益率，来确认收益率偏低或停滞阶段和强大的长期牛市阶段。当市场提供的累计收益率很小或者为负时，留给投资者的东西就只剩分红了。累计收益率仅仅是一个去除分红后的时间点对时间点的收益或亏损的百分数。通过观察表2中道琼斯工业指数的某些历史阶段，我们可以看到市场在不同时间段内的表现具有很大差异。

这些数据可能会令某些人震惊。很难想象在25年的时间里

（时间点对时间点），股票投资除分红外基本没有显示任何收益率，正如1929—1954年间发生的那样。在近期，2000—2010年这10年是增长率为零的一个阶段。然后你可以看到，从1982年底到1999年底，股票的累计收益率超过了1000%。这恰好解释了为什么股票必须成为我们投资组合的一部分，实在是因为它们能够提供给我们包含这样好时期的机会。利用提供下跌保护的股票策略来设计投资组合时，要考虑的一个部分是市场是否会运行得很好。如果市场表现不好，投资组合中的其他产品会设法产生收益率和承受风险。

表2　道琼斯工业指数累计收益率

时间段	时长（年）	累计收益率（%）
1/1897—1/1906	9	+148.92
2/1906—6/1924	18	−4.29
7/1924—8/1929	5	+294.66
9/1929—11/1954	25	+1.69
12/1954—1/1966	11	+154.29
2/1966—10/1982	17	+0.83
11/1982—12/1999	17	+1059.31
1/2000—12/2010	11	+0.70
1/2011—12/2016	6	+70.70

资料来源：古根海姆投资公司。

关于时间点对时间点的指数累计收益率如何有可能经历增长率为零的阶段，日本的日经224指数为我们提供了一个更加鲜明的例子。不过日本也有自己的一系列问题：自20世纪80年代后期本土经济达到最高点之后，日本一直受困于低增长率和低利率的市场环境。但是如果我们观察图2中从1983年以来的日经225指数的历史月收益率，我们可以看出自从那次市场高涨之后，收益率就基本没有增长过。

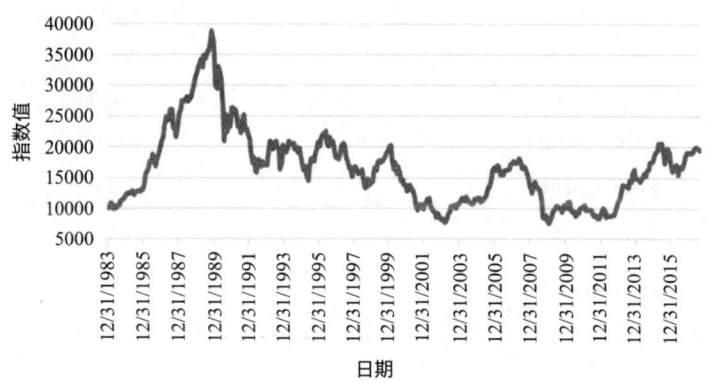

资料来源：雅虎财经。

图2　日经225指数月变化图

这并不是说在21世纪早期和大萧条之后没有买入的机会，但是从大部分阶段来看，日本市场并没有提供很高的实际收益率。

和之前的道琼斯指数历经各个市场周期的累计收益率的表格一样，日经224指数直到1989年底都是强力牛市阶段，但是之后的阶段除去分红后，时间点对时间点的收益率都是负数或零（见表3）。

虽然我们可以很轻易地搪塞说日本的股票市场与欧洲和美国的股票市场不同，但是它们都经历过股票价格的大幅增长，直到今天都没有恢复到之前的最高点。日经 225 指数的图让我们想起了科技繁荣时期与 20 世纪 90 年代末和 21 世纪初的低迷时期。我们可以从图 3 中看出，PowerShares QQQ ETF（它追踪重技术的纳斯达克 100 指数）花了大概 15 年才重新回到之前的历史最高点。

表 3 日经 225 指数除股息后时间点对时间点的累计收益率

时间段	时长（年）	累计收益率（%）
2/1978—12/1989	12.2	+645.14
12/1989—8/2017	27.8	−49.40
6/2007—10/2015	8.4	+10.49
5/2007—8/2017	10.3	+8.56

资料来源：雅虎财经和德美利证券。

资料来源：YCHARTS。

图 3 1999 年 3 月至 2017 年 8 月的 PowerShares QQQ ETF

第 1 章 你的饼图里有什么？
Chapter 1 What's in Your Pie Chart?

假设一个投资者离退休还有 15 年并且选择了这个 QQQ ETF，那么他最后剩下的可能仅仅是分红。公平地说，该 QQQ ETF 的标的指数确实在 2008 年之后的市场暴跌后更快地恢复到了之前的最高点，并且在 5 年内开始大幅增长。随着我们开始明白投资者在退休前后的真实的时间线这个概念，保值和增值的概念就变得重要起来。避免经历所有的下跌，同时依然保有部分的上涨的价值将开始变得有意义。如果我们转而观察图 4 中的标准普尔 500 指数，可以看到它从 1966 年至 1981 年的总收益率。

把图 4 与 1982—1999 年间著名的牛市时段（如图 5 所示）做个比较。

从历史上来看，股票提供了市场最高的收益率。这就是为什么很多投资者会把股票纳入他们的饼图之中。但是想象一下如果在 10 年或者 25 年里你的资产的收益率非常低。正如我们将要进一步讨论的，一个更加现代化的投资组合不应该仅仅寄希望于市场上行。市场曾经经历过很长时间没有增长的阶段。这是不是就意味着投资者不应该去投资股票呢？完全不是的。这仅仅表示存在着一些试图利用像 1982—1999 年这类阶段的方法，万一你进入了急剧修正或者熊市发生的阶段，这类方法可以让你拥有一些低于市场价的对冲保障。

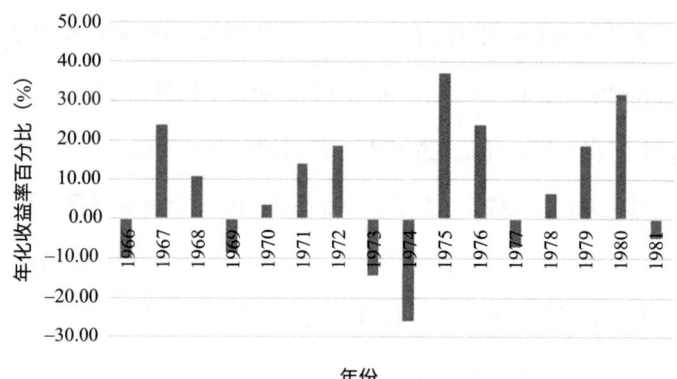

资料来源：纽约大学斯特恩商学院教授埃斯瓦斯·达莫达兰。

图4 标准普尔500指数 1966—1981年的总收益率

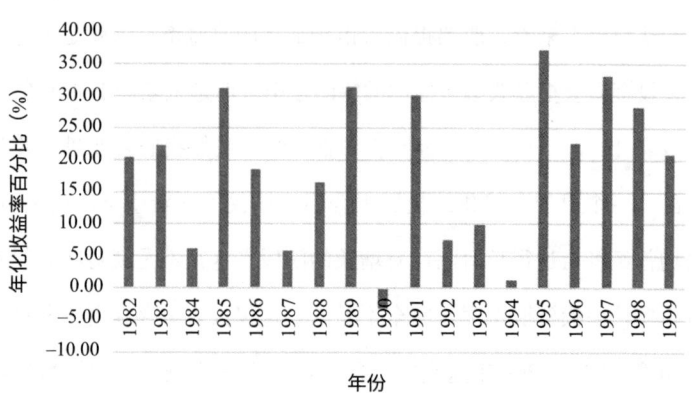

资料来源：纽约大学斯特恩商学院教授埃斯瓦斯·达莫达兰。

图5 标准普尔500指数 1982—1999年的总收益率

关于上面强调的两个非常不同的阶段，一件很有趣的事情就是它们所处的利率环境。试想一下利率是怎么样在20世纪70年代升高并在 1981 年达到顶峰的。这是一个累计收益率为零的阶段。股票市场基本一事无成，而且还有几年的收益率为负。这点我们稍后再详细讨论，现在简单地说，假如你在使用通过利率来折算未来收入的经典模型，那么当你在利率升高时期结转未来的那些收入时，这样做必然会把股票估价推低。同样地，从利率最高时期到令人难以置信的牛市阶段整个过程中，未来的收入变得更有价值了。我认为这不是一个巧合，这也不是我们在当下极低利率环境下应该考虑的事情。

现在这个阶段（直到 2016 年底）比其他一些历史阶段更加温和。在 2016 年底，代表标准普尔 500 指数的 ETF（SPY）仅仅有 2.03% 的分红收益率（Ycharts，2016）。伴随着低分红收益率和固定收益类产品的低利率，不考虑市场变化的投资者的总收益率正开始面临压力。在投资组合里，有能够在市况凝滞和熊市情况下都产生经风险调整的正收益率的策略将是非常重要的。投资组合是一系列我们试图用来在不同时期承受风险的投资策略。增加投资者达到目标的概率，对投资来说至关重要。

1.4 传统资产配置方法在短期存在的问题

很多经典的资产配置决策存在的问题之一是，它们都基于使用长期的历史数据来计算平均年化收益率。而一旦那个平均年化收益率被确定，在此平均年化收益率以上和以下的年化投资收益率的标准差就被当作代表风险的一个指标。要注意在平均年化收益率以上和以下的收益率都要被包括进来。虽然几乎所有投资者都想要避开某个产生糟糕的负收益率的年份，我很怀疑当策略创造出的收益率远高于平均值时，有很多投资者会不满。稍后我们将会讨论这一问题，不过目前投资者必须问自己一个问题：我有没有 70 年或者 100 年的时间来生成一个很多风险度量方法正在使用的平均收益率？或者，我是不是真的只有短暂的时机？在像 10 年或者 20 年这样短暂的时间内，很多个人或者家庭一直致力于将他们的退休储蓄最大化，但他们可能不会得到平均收益率。

经典资产配置方法旨在开发一个提供最高收益率和最小波动率（与标准差相关）的投资组合，它包含了长达 17 年的道琼斯指数增长超过 1000% 的阶段和长达 35 年的利率从 1981 年最高点不断减少的阶段。正如我们将要探讨的，债券更有可能产生远低于平均收益率的收益率。另外，假设利率大幅上涨，它可能会影响到股票的估值，而股票的估值只能用历史增长趋势点所增加的部分来代替。

1.5 用历史收益率来判断概率

在使用网上的退休计算器时，投资人常常会想到底要给自己还在工作的时间段和退休后的时间段选择多大的收益率。下一个问题是，他们真的能获得这些收益的机会有多大？很多投资者都会

第1章 你的饼图里有什么？
Chapter 1 What's in Your Pie Chart?

使用历史收益率来预估某个未来收益率可能出现的概率。比如说，如果我们要使用标准普尔500指数的总收益率指数的历史数据，来计算某个特定收益率在某年可能出现的百分比，可以基于正态分布，使用平均年化历史收益率和标准差来画出一个图像。在图6中，我们可以看出出现概率最高的收益率数值集中在历史平均收益率左右。

如果你记得以前的钟形曲线，你就会知道68%的数值都落在正负一个标准差之内。在标准普尔500指数总收益率这个例子中，正负一个标准差的范围将是 −8.17% ~ 31.01%。几乎95%的数据都会落在正负两个标准差的范围内，也就是 −27.76% ~ 50.60%。因为平均数或平均值是11.42%，某年的收益率将会有50%的概率是平均数本身。利用正态分布来估计市场收益率的其中一个问题是，异常值可能会很频繁地出现。标准普尔500指数曾经在大萧条时期从最高点跌到最低点，跌了大概55%左右。2008年，这个指数给收益率带来了一个巨大的缺口，股息甚至达到了 −36.55%。

如果我们给几个不同的负年化收益率指定一个概率（用百分比表示），会看到有些真的在市场上实现过的收益率发生的可能性几乎为零。在表4中，百分比代表收益率小于或等于所示的负收益率的概率。

组合投资新思维
Broken Pie Chart

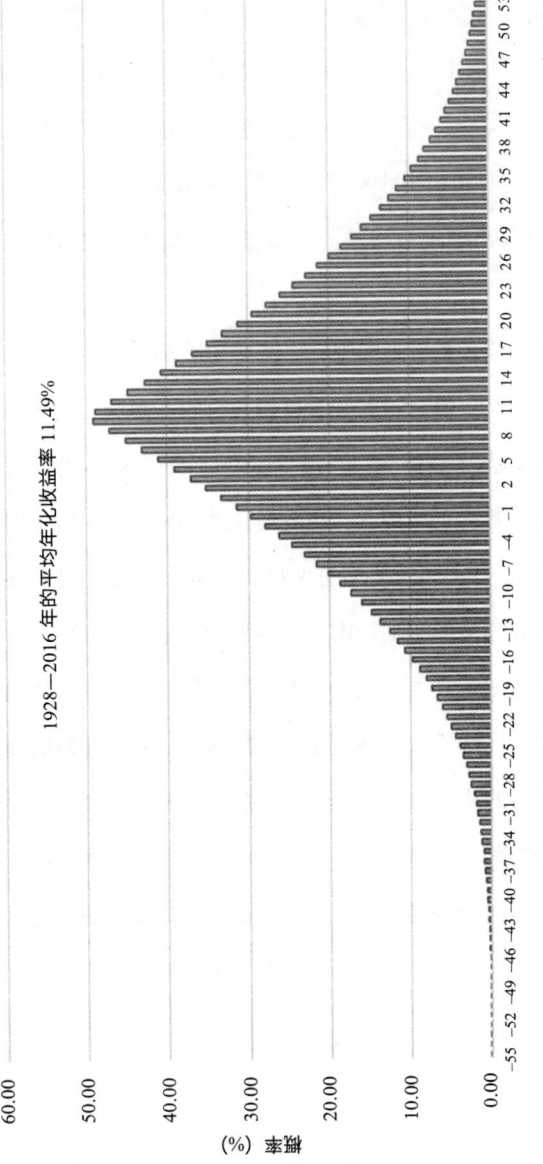

图6 基于历史的标准普尔500指数总收益率的概率分布

资料来源：纽约大学斯特恩商学院教授埃斯瓦斯·达莫达兰。

第1章 你的饼图里有什么?
Chapter 1 What's in Your Pie Chart?

表4 用标准普尔500指数历史总收益率估计的年化负收益率的概率

年化收益率水平(%)	概率(%)
−10	13.71
−15	8.87
−20	5.44
−25	3.15
−30	1.72
−35	0.89
−40	0.42
−45	0.20
−50	0.09

概率百分比代表和某个收益率相等或低于它的概率。比如,收益率在−10%及以下(收益率更低)的概率是13.71%。这个结果同时也强调了某年中收益率大于−10%的概率能达到86.29%。随着收益率越来越低,相应的概率也会下降。想想看2008年,股票市场下跌超过了35%。通过2016年及以前的年化收益率数据我们可以发现,标准普尔指数收益率在−35%以下的概率仅仅为0.89%,也就是差不多1/110的概率。仅仅因为某个事件发生的概率低,并不代表它不会发生。想想看从2007年3月市场峰值时到2009年3月市场低谷时,标准普尔500指数跌了将近55%。在上一个10年期(2000—2009年),总收益率累积接近0,仅有1.16%。市场经历了两轮下跌,而从今天的角度看,它们的概率仅有0.89%和3.15%。

关于用正态分布来估计市场收益率引起过很多争论,能提出这些问题的人是很明智的，因为这些概率百分数可能会给投资者带来虚假的舒适感。我们从历史上的例子可以看出，即使在很长一段时间内市场的历史表现都比较稳定，在1987年还是发生了一个交易期内道琼斯指数暴跌22.6%的灾难。从概率角度来看，这种事件在某一天发生的概率几乎为零。市场每年还是可能会出现一些在正态分布中处于尾部的收益率。这就是为什么期权市场会提出期望波动率这一概念，期望波动率可以用投资者买或卖某个特定衍生品的价格推出，而期权的价格是通过供需链来确定的。

某些事件发生的概率低，不代表投资者不需要考虑更新他们现在所持有的投资饼图。根据美国国家气象局网站公布的信息，在美国，1083000人中可能会有1人被闪电劈中（NOAA. gov, N. D.）。如果你把它换算成概率，就等于0.000092%。虽然2008年这种市场表现不好的年份出现的概率比1%还小，但要是我和你说，如果你明天出门，将有1%的概率被闪电击中，你会冒险出门吗？在我看来，经典的资产配置方法低估了投资者在他们投资生涯中最重要的一段时间里可能面临的风险。

我们目前的讨论都是围绕着股票进行的，那么关于达到某个特定的年化收益率的可能性，具有连续到期日的10年期国债的历史收益率又能告诉我们什么呢？我们可以从图7中看到一个相似的概率图。

一直以来，固定收益类产品比股票的波动率要小。10年期

第 1 章 你的饼图里有什么？
Chapter 1 What's in Your Pie Chart?

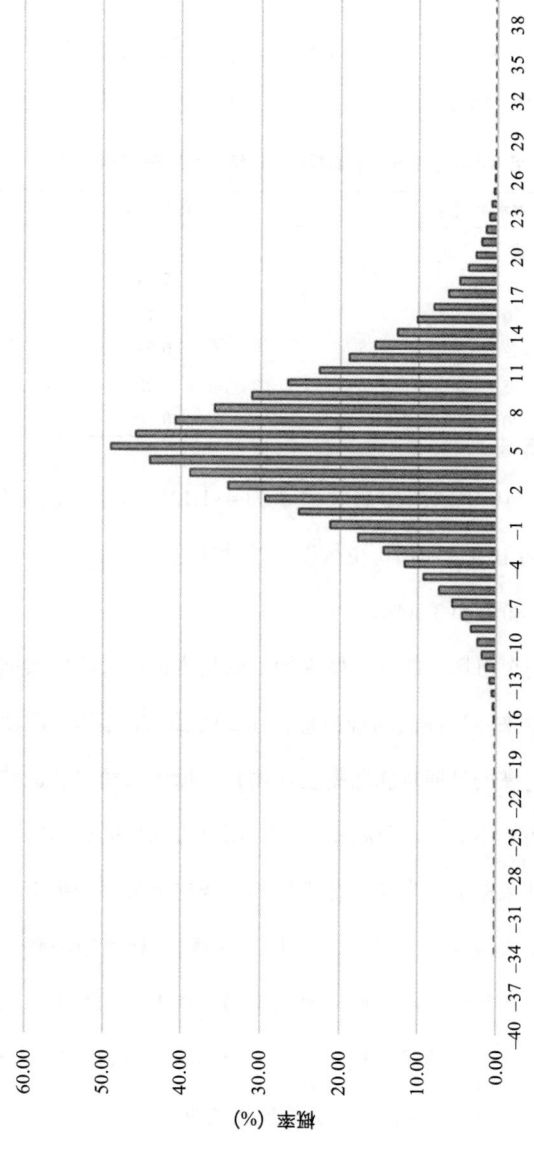

图 7 基于 10 年期国债的历史收益率的年化收益率概率

资料来源：纽约大学斯特恩商学院教授埃斯瓦斯·达莫达兰。

国债的平均年化收益率是 5.18%，标准差是 7.72%。这就意味着正负 1 倍标准差范围是 –2.54% ~ +12.9%，正负 2 倍标准差范围是 –10.26% ~ +20.62%。表 5 列出了不同的负年化收益率的概率。

表 5　用 10 年期国债的历史数据估计的年化收益率的概率

年化收益率水平（%）	概率（%）
–5	9.36
–7	5.73
–10	2.46
–13	0.93
–15	0.45
–20	0.06

在 2009 年，10 年期国债的收益率为 –11.12%。到了 2013 年，其收益率变为 –9.10%。而用历史数据来估计的这两个负收益率出现的概率仅仅为 1.80% 和 3.30%。

我详述这两个市场中的这些概率的目的是告诉读者历史数据可能会给投资者带来一种虚假的舒适感。在 20 世纪 70 年代，即使票息比其他时候更高而且通货膨胀率迅速增长，那些高额票息也被因利率急剧增长而减小的市场价格所抵销。用过去的数据算出的概率其实并不能保证未来的结果会是什么样的。历史上最大的牛市，从 1982 年 11 月到 1999 年 12 月这段时间，也伴随着利率的下降。持续下降的利率也在某种程度上使得股票价格有所上升，因为未来收益的无风险折现利率下降了。换句话说，当利率下降的时候，未来的收益（假定收益的增长率恒定）会给现在提供更大的价值。

60∶40投资组合的问题是债券在可预见的将来不会再提供很大的回报。利率可能会保持在较低的水平，这也就意味着利息收入可能会一直少得可怜；我们也有可能会看到利率上升，这代表市场价值将会缩水。对于股票来说，我们距历史记载的经济衰退时间点越来越近了。在某个时刻，下一次衰退很可能会来临。

下一步

- 回顾现在的资产配置方法。
- 记录一下你现在所持有资产的领域、行业、地区、类型和权重。
- 如果你有下行保护，是哪一种？
- 想一想是何种程度的恐惧导致了你的资产配置决定。
- 在2008—2009年大萧条后，你对自己的投资组合做了什么改变？
- 你现在的投资组合是基于风险承受能力、年龄和现在的资产设计的，还是与你现在和未来需要多少退休金有关？

第2章

为什么债券过去的表现
不代表未来的结果?

很有可能接下来我们将要面临债券总收益率的"失去的十年"。为了探究这个问题,我们要仔细想想这件事:投资者已经享受了长达近35年的前所未有的债券市场的牛市。这也是一个正在步入新阶段的市场。通常地,债券被用来构建投资组合,是因为它们可以带来收入,而且相对于股票,其风险更小。但是在一个利率的上升率较低的时代,投资者可以期望什么呢?现在,因相信债券可以继续保持过去的绩效而依赖于债券资产的投资组合所面临的风险正在增大。正如我们接下来会指出的,我们有很好的理由来证明在未来10年,债券的历史绩效将无法继续保持高位。

一个债券每年的总收益率是收到的利息和标的资产市场价格的变化之和。它们是按照面值或者票面价值发行的,通常这个值是1000美元。它们每年所支付的利率是票息率。如果一个债券的面值是1000美元,每年付息40美元,我们就可以说这个债券的票息率是4%。买债券的投资者本质上来说是把钱借给某个公司、政府或者市政当局一定的时间。如果是按照票面价值购买的,他们需要支付1000美元,并且每年会收到利息。等到末期,随着债券到期,投

第2章 为什么债券过去的表现不代表未来的结果？
Chapter 2 Why Bonds' Past Performance Can't Equal Future Results?

资者将会收到等于面值的本金。

债券也可以在公开市场上购买，这里的市场价值可能会比票面价值高或低。在这种情况下，我们通常会引入一个叫到期收益率的概念，它是将收到的利息和相对于票面价值赚到或赔了的钱结合在一起给出的一个年化收益率。比如，如果一个债券在公开市场上以900美元被买走而且到期时的票面价值是1000美元，投资者本金所赚的部分将被按照距到期所剩的时间年度化。同样，一个购买时价格大于票面价值的债券在计算到期收益率时会包含本金所损失的部分。

虽然研究单个债券可以帮我们弄清楚一些情况，但是大多数投资者不是单独购买某个债券的。相反，他们常常使用共同基金和ETF。基金是一些资产的组合，所以它具有一个混合有效久期。久期是个很重要的概念，因为久期越长，债券的市场价值对利率变化的敏感度越高。债券的市场价值通常和利率呈相反关系。当利率上升时，债券价值下降，反之亦然。久期越长，会被利率影响到的现金流越多，从而导致市场价格被调整。那么，多大的利率变化会导致市场价值的变化呢？

利率的变化通常用基点来描述，简写是bips（BPS）。变化1%就是变化100个基点，变化0.5%就是变化50个基点。在表6中我们看到，利率变化影响的大小取决于距到期还剩多少时间。为了说明问题，我们假设现在的利率是2.5%，现在的价格是1000美元或者票面价值，票息是每半年一付。

表6 当利率变高或变低100~200个基点时债券的市场价值的变化

新的利率(%)	距到期还有 2年(%)	距到期还有 5年(%)	距到期还有 10年(%)	距到期还有 20年(%)	距到期还有 30年(%)
0.5	+4.0	+9.9	+19.5	+38.0	+55.7
1.5	+2.0	+4.8	+9.3	+11.7	+24.1
2.5（现在位置)					
3.5	−1.9	−4.6	−8.4	−14.3	−18.5
4.5	−3.8	−8.9	−16.0	−26.2	−32.7

记得我们在本章开头提到那个强有力的债券市场牛市吗？在1981年9月，美国10年期国债的票息率为15.84%。从高点之后收益率就持续下降。你可能开始明白了，在过去的35年里，所有债券共同基金的市场收益率都因为下降的债券收益率而获益了。债券基金不仅因为市场价值升高而获益，而且在利率下降的过程中，基金享受到的利息从历史上来看也比今天高很多。想象一下，利率下降，债券价格上升。这对所有具有高票息支付的债券来说是双倍的好处。当然，在2008年之后利率一直很低，所以债券的总收益率更多地依赖市场价值的变化。在图8中，我们可以看到10年期国债的历史收益率。

很难想象这种情况：为了使债券可以获得和以前一样的由市场价值带来的高收益率，利率会在接下来的10~20年间变成非常小的负值。就在我写这本书的时候，美国国债的收益率还没有像德国、

第 2 章 为什么债券过去的表现不代表未来的结果?
Chapter 2 Why Bonds' Past Performance Can't Equal Future Results?

日本和瑞士那样变成负值。而且,正如我们接下来会讨论的,我们面临一个关于票息的问题,这个问题不但会使获得正的总收益率变得更困难,而且会使我们在利率上升时丧失弥补损失的能力。你能想象在今天投资人能有机会买到每年利息为 15% 的 10 年期或 30 年期国债吗?回顾过去,有人肯定会想:这种情况是不是很反常呢?英格兰银行有从 1694 年开始的历史利率数据。从 1694 年开始直到今天,利率最高的时期是 20 世纪 70 年代中期到 1981 年(Bank of England, 2016)。在图 9 里我们可以看到英格兰银行的历史利率变化。

资料来源:雅虎财经。

图 8　1962—2016 年 10 年期国债的历史月收益率

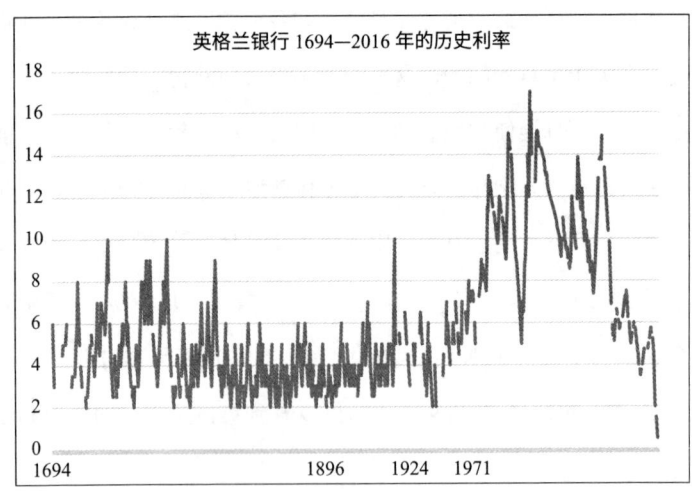

资料来源：英格兰银行。

图9 英格兰银行1694—2016年的利率变化

这些利率数据结合了银行利率、最低借贷利率、最低第一等级交易利率、回购利率和官方的银行利率（Bank of England，2016）。观察英格兰银行这么长时间的利率的目的是强调20世纪的利率飙升有多么反常。长期来看，利率还是更趋于稳定的。虽然当利率处于历史较低水平时，它们反弹到平均值会给投资者带来利率风险。从历史上来看，当利率上升到一个难以置信的高水平时，市场将会出现一个历史性的高点。利率下跌使得债券价格从平常值一直上升的这35年多就是例子。

自从大萧条时期利率被减小到几乎为零以来，美联储在2015年底第一次提高了利率。有些人担心一个超高通货膨胀率和高利率

第2章 为什么债券过去的表现不代表未来的结果？
Chapter 2 Why Bonds' Past Performance Can't Equal Future Results?

的时代将来临。这主要是因为美国在本国境内和全世界范围内所欠的国债。我们已经指出过债券价值将发生什么样的变化，尤其是在更靠近价值曲线两端的位置。如果你排除利率可能会远远低于零的可能，那么即使利率再下跌，投资者能获得的潜在收益也是很小的。如果利率明显升高，那么债券投资者的境遇将变得很艰难。当正常的收益率曲线保持在较低水平时，把久期减小，或者试着靠近收益率曲线的远端。但是这些额外的利息收益可能并不值得冒这种额外的风险。更有问题的是，在传统的资产配置理念里，久期长的债券更受欢迎，因为它们从历史上来看可以给投资者提供更好的风险对冲。在典型的大萧条时期，股票都会被卖空，投资者会蜂拥到债券所提供的避风港内。而且，别忘了美联储在大萧条时期一般会做什么。你来猜猜，它会不会降低利率来刺激经济，进而刺激债券收益率。上一个大萧条时期开始时，联邦基金利率还是4.5%。要减到零就需要减少450个基点。它真的能把利率减小这么多，到-4.5%吗？利率有没有可能会真的减小到-10%，甚至更小？基本不可能。

之后我们所面临的关于年化收益率的问题会变得更容易解释。这就是利率或者票息的问题。低利率代表债券每年所付的利息更小了。这就意味着要进入债券市场来缓解或者增大市场价值变动的资本的量将会更少。如果有10年或者20年债券收益率很低，很多为退休而投资的投资者便没办法承担这个风险，尤其当考虑到实际收益率和名义收益率的区别时。实际收益率是除去通货膨胀率后的收益率。如果一个债券的利息是3%，但是通货膨胀率是2.5%，我们就说投资者的名义收益率是3%，但是实际收益率仅有0.5%。我们知道美联储宣布其设定的通货膨胀率目标是2%，但是世界范围内的实际收益率都不太乐观。

正如我们在第1章提起过的，从历史上来说，连续到期的10年期国债从1928年到2016年的平均年化总收益率为5.18%（Damodarin，2016）。总收益率包含标的资产的市场价值浮动和投资者收到的利息。尤其是在现在这种低利率环境中，你可能会想这还不算太坏，对吗？越多的收益来源于利息，则越有可能出现问题。而且，当某年利率下降时，市场价值带来的收益率会增加。图10展示了有票息收入和没有票息收入时的总年化收益率。

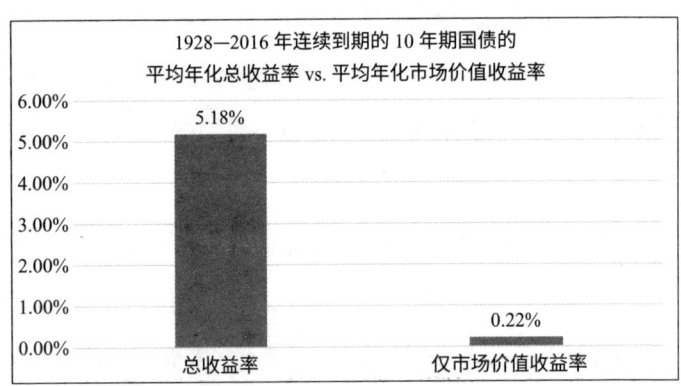

资料来源：纽约大学斯特恩商学院教授埃斯瓦斯·达莫达兰。

图10 10年期国债的平均年化总收益率 vs. 平均年化市场价值收益率

第 2 章 为什么债券过去的表现不代表未来的结果？
Chapter 2 Why Bonds' Past Performance Can't Equal Future Results?

如果我们只使用 10 年期国债的市场价值的平均年化变化，我们会发现从长期的历史收益率来看，平均年化收益只有 0.22%。有些人可能会认为去掉利息而只考虑与市场价值相关的收益率是有问题的，因为总收益率是票息收入和标的资产价格变化之和。他们指出这点并没有错。但是，我强调这个区别的原因是为了指出：长期来看，债券收益率更多的是来源于它所支付的利息。而且在这段时间内，票息率也比其他时候更高。在某些情况下，高出非常多。所以，当我们考虑一个为期 10 年的历史低利率时段时，我们真的能够期望债券可以达到和以前一样的年化收益率吗？如果今后利率一直保持很低或者接近为零的状态，我们就不应该期望能获得一个高的年化收益率，因为毕竟利率很低。

另外一种情况就更复杂了。如果我们开始经历较长时间的利率升高阶段，持有债券基金的投资者将发现他们的市场价值减小，尤其是当利率迅速升高并且涨到比预期还高的水平时。每年的高票息收入可以帮助投资者抵消由市场价值下跌带来的损失。表 7 展示了 1970—1980 年 10 年期国债的利率从 6.9% 上升到 12.84% 的情况。

表7 1970—1980年10年期国债的收益率

年份	票息率（%）	与前一年相比利率的变化（%）	总收益率（%）	仅市场价值收益率（%）
1970	6.39	−1.26	16.75	10.36
1971	5.93	−0.46	9.79	3.86
1972	6.36	+0.46	2.82	−3.54
1973	6.74	+0.38	3.66	−3.08
1974	7.43	+0.69	1.99	−5.44
1975	8.00	+0.57	3.61	−4.39
1976	6.87	−1.13	15.98	9.11
1977	7.69	+0.82	1.29	−6.40
1978	9.01	+1.32	−0.78	−9.79
1979	10.39	+1.38	0.67	−9.72
1980	12.84	+2.45	−2.99	−15.83

资料来源：纽约大学斯特恩商学院教授埃斯瓦斯·达莫达兰。

这里有几件事要注意。第一，可以看到市场价值的变化带来的收益率有几年是负的。第二，因为利率非常高，以至于总收益率是正的。

例如，在1980年，债券收益率增加了2.45%个点，达到了12.84%。这么高的票息收入将市场价值的负收益率从−15.83%降至−2.99%。现在想象一下，今天如果利率从2.5%上升到5.0%，市场价值的损失将是差不多的，但是与以前相反的是，我们并没有一个稳健的12.84%来帮助自己减少损失，因此只能享受那2.5%的票息收入，而仍然给本年度留下一个重大的损失。我们可以从图11中看到，如果没有利息带来的收益率，债券市场的收益率则不那么吸引人。

第 2 章 为什么债券过去的表现不代表未来的结果？
Chapter 2 Why Bonds' Past Performance Can't Equal Future Results?

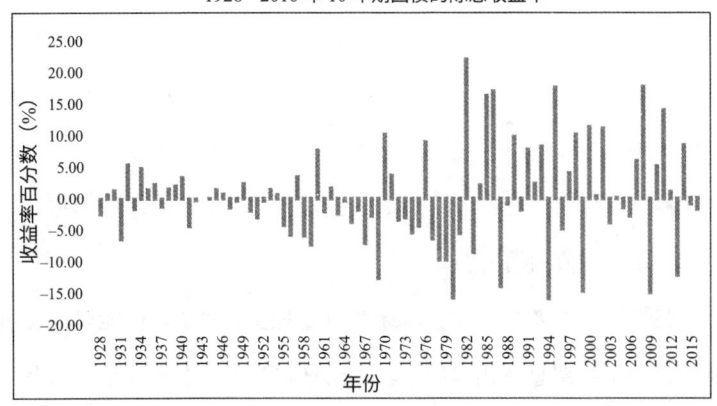

资料来源：纽约大学斯特恩商学院教授埃斯瓦斯·达莫达兰。

图 11　除息后的 10 年期国债市场价值带来的年化收益率

从总年化收益率中减去年票息支付后，我们可以看到 10 年期国债有相当多的负"市场收益率"的年份。再说一次，提起这件事的原因是为了强调当票息越低时，它对总收益率的贡献越低这个事实。确实，当 20 世纪 70 年代利率上升时，债券那几年的收益率是正的。然而，在这些年中的大部分时间，票息收益率比今天的票息收益率要高得多。我们正处在一个低利率的环境中，所以收益率的任何实质性的增长都可能会导致我们从来没有经历过的债券收益的损失。

概述收益是怎么来的，是为了帮助我们理解当利率较低时，市场利率的上升会给投资者造成更大的伤害。票息支付并不能每年都有助于总收益率提高。既然我们已经确定了大部分的历史收益率更多的是基于债券所支付的利息，那么当利率较低时，我们的预期总收益率也应该保持在较低水平。自1981年利率达到高峰以来，债券收益率就一直在下降。并且在1981—2016年间，平均年化总收益率为8.46%，而1928—2016年间则为5.81%。在1970—1980年间，总收益率仅为4.8%——在这个时候，你猜怎么着？这就对了，平均年化票息支付为7.9%。再一次，我们看到更高的票息率帮助弥补并超越了市场价值的损失。

我们展望未来10年，如果利率保持低位，投资者可能仅仅会期望获得一个与票息率相等的平均年化总收益率。不幸的是，如果我们经历一个利率上升的时期，投资者将更强烈地感受到这些变化的冲击，因为较小的年度利息将没办法减弱因利率变化而引起的市场价值波动。那么，投资者就有点被套牢了。

我们持续看到的一件事是在世界范围内利率都变得更低了。一般来说，美国和德国政府债券收益率比其他国家更低，因为人们认为这两个国家的市场安全性更高，发生系统性违约的可能性更低。早在2012年，西班牙的10年期政府债券收益率就超过了6%，而同年，美国的这一收益率低于2%。在2017年中期左右，美国10年期国债的收益率仅为2%，而西班牙的10年期政府债券收益率维持在1.50%左右。

如果利率保持不变，收益率应该会降低。如果利率上升，票息率将会走高，但现有的债券持仓人将会感觉到这些变化对其市场价值所带来的冲击。正如我们早前提起过的，久期较长的债券将会受

第 2 章 为什么债券过去的表现不代表未来的结果?
Chapter 2 Why Bonds' Past Performance Can't Equal Future Results?

到最不利的影响,因此市场价值跌幅最大。

2013 年,债券产品的收益率是负的。如图 12 所示,如果我们使用 iShares(安硕)20 年期以上国债 ETF 和 7～10 年期国债 ETF 的数据,可以得到一个说明债券收益率如何影响业绩的指标,而且在此期间的债券收益率是上升的。

正如预期的那样,久期较长的债券被沽空的较多,其收益率为 –14.8%,而久期较短的债券的收益率为 –7.24%。2013 年夏天,美国发生了所谓的"缩减恐慌",因为美国联邦储备银行表示,它们可能会放缓作为量化宽松计划的一部分的资产购买的步伐。不过,从长远来看,正如我们在图 13 中所见的,10 年期国债和 20 年期国债的收益率却走高了。

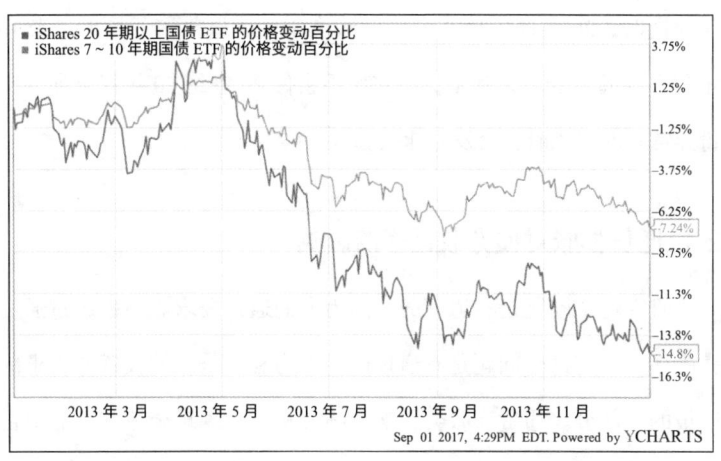

资料来源:YCHARTS。

图 12　2013 年 iShares 20 年期以上和 7～10 年期国债 ETF 的年度百分比变化

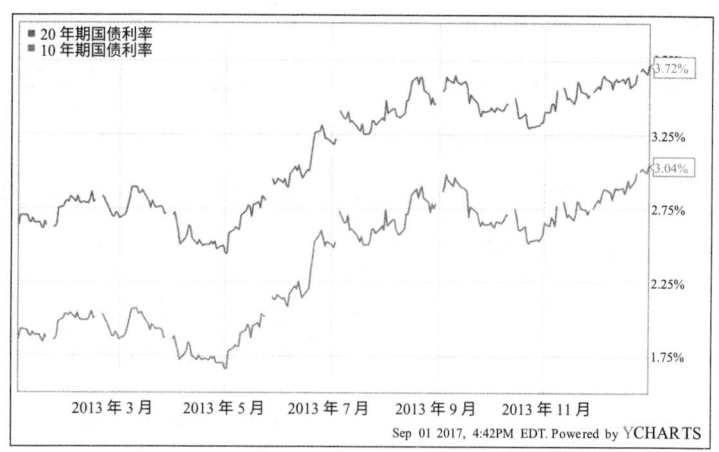

资料来源：YCHARTS。

图13 2013年10年期和20年期国债的收益率

从2013年初到年底，10年期国债的利率上升了超过63%，而与此同时，20年期国债的利率上涨逾41%。想象一下如果未来10年利率真的上升，尤其是，当它们不会像20世纪70年代末那样支付异常高的票息时，会发生什么。

2.1 通货膨胀对债券收益率的影响

研究这个问题是有道理的，因为人们通常要求收益率超过通货膨胀率。研究这个问题是有道理的，因为利率是人们投资所需求的回报的一部分。通货膨胀会影响业绩分析、贴现现金流和商业项目中所使用的无风险利率。如果利率更高，发行的债券将被要求满足市场当前的收益率。如果我们看一下图14，我们可以看到10年期国债的利率与通胀率的对比。

资料来源：美国劳工统计局、美联储。

图 14　美国通货膨胀率和 10 年期国债利率的历史数据的对比

我们可以看到，一般来说，债券收益率和通货膨胀率的变动在很大程度上是同步的。有时，通货膨胀率会比 10 年期国债的收益率高。从 1981 年到 21 世纪初，每年支付的利率和通货膨胀率之间的差一直是正的。这意味着 10 年期国债支付的利率高于通货膨胀率。最近，这两者变得有点接近了。

当我们为退休做准备时，或对于那些已经退休了的人来说，通货膨胀率是非常重要的。产品的名义收益率就是它们一年中可能收到的收益的百分比。它们的真实收益率是它们的名义收益率减去通货膨胀率。如果一个投资组合的收益率是 3%，但通货膨胀率是

3.5%，我们就会说投资者的实际收益率为 –0.5%。退休人员每年会从投资组合中取出一部分。如果他们的实际收益率比通货膨胀率大不了多少，可能会出问题。图 15 展示了排除食品和能源支出后的季度数据年化后的个人消费支出（PCE）的增长比例或减少比例与 10 年期国债的季度利率之差。

这两者之间的差异很好地解释了真实利率，即通货膨胀调整后的利率。图左边的轴从 –4% 到 +10%。你可以看到，在 20 世纪 70 年代，由于通货膨胀率暴涨到高于 10 年期国债的名义利率的位置，实际利率则降至 0% 以下。随着利率在 1981 年到达顶峰，国债收益率和通货膨胀率之间的差扩大了，这意味着投资者享有更高的实际

资料来源：圣路易斯联邦储备银行。
图 15　连续到期的 10 年期国债的季度历史利率减去 PCE 指数

第 2 章 为什么债券过去的表现不代表未来的结果?
Chapter 2 Why Bonds' Past Performance Can't Equal Future Results?

利益。随着利率从 80 年代初的高点持续走低,利差持续收窄。最近,在 2012 年和 2016 年,利差变为负值,预示着收益率没有胜过通货膨胀率。顺便说一句,如果我们有幸在 1981 年知道我们现在所知道的事情,那这本书就会只有一页了,书名是《买 30 年期国债,过 30 年再来看》。随着通货膨胀率走低,固定的票息支付给投资者带来了比股票更高的实际收益率。当然啦,这个看法说难听些就是放马后炮。要点是,利率和通货膨胀率靠得越来越近了。如果利率保持低位,我们怎么能够期望实际收益率超过通货膨胀率呢?

不需要探究得太深入就可以发现,资产的持续能力取决于提取率、年化收益率和通货膨胀率的共同作用。如果每年的花费为 40000 美元,通货膨胀率为 3%,那么下一年在调整年度通货膨胀率后,你将需要 41236 美元。我们一会儿将会讨论收益率出现的顺序的重要性,因为它与退休之前和之后的生活都相关。而现在,希望你能开始理解为了支持你退休后的收入需求,你需要一个相应的实际收益率这件事情。

在现代化的饼图中,持有债券的成本和收入可能会列入另类投资策略。增加投资组合中债券的百分比一部分是为了构建一个风险较小的投资组合,一个波动性较小的组合。但是我们会发现,也许持有下行风险较小的股票也能帮我们缩小组合的风险。

关于债券另一个应该提出的问题是,除了被用来紧跟通货膨胀率和在市场下行时为投资组合提供一小部分支撑之外,它们真的还有其他的用途吗？如果我们想象一下，当10年期国债的平均年化收益率仅为5%而平均无风险利率在3.5%左右时，债券类产品只能带来一个略高于无风险利率的收益率。从利率达到了顶点的1981年开始，到2016年利率曲线中短期（小于1年期）的利率开始从零恢复上涨之前的这段时间，为债券类产品的年化收益率提供了推动力。接下来，我们将深入探讨一些常见的衡量风险调整收益率的方法。从今以后，在目前的利率环境下，除了能帮助减小历史波动率，固定收益类资产想真正影响大部分常用的比率可能还需要一段时间。当然，如果利率突然暴增，固定收益类资产可能也会面临严重的压力。

　　固定收益类产品也面临着一些额外的挑战。你可能比较熟悉美联储以及它是如何维持一种零利率政策的，即ZIRP。在世界其他地方，有些中央银行甚至制定了负利率政策，简称NIRP。除此之外，当美联储制定了几轮量化宽松政策后，其资产负债表暴增到超过4万亿美元。这些政策包括购买美国国债和抵押支持债券。

　　美联储已经表示，它打算通过停止对有到期问题的基金的再投资和技术性地卖出各种到期日的债券，来逐步缩减自己的资产负债表。我们将会更深入地探讨这个话题，但可以肯定的是，许多人都很有兴趣知道这将会带来什么样的结果，因为它从来没有被试过。美联储是否会使收益率曲线颠倒或给面临流动性紧缩的市场带来抛售的压力？

　　我们知道，许多人做事的方式都是很难改变的。就像依据一个

第 2 章 为什么债券过去的表现不代表未来的结果？
Chapter 2 Why Bonds' Past Performance Can't Equal Future Results?

人的年龄和风险承受能力，来配置一个适当的股票和债券的组合就是最优的投资组合这个想法。从长远来看，要打破这种信念是很难的。然而，正如我们一直在暗示的那样，投资者需要把 10 年或 20 年的投资时期分为多个阶段。每个阶段都要有一个应对风险的办法，以防市场无法达到历史平均水平。

正如我们接下来将看到的，无论怎样，考虑到 2008 年市场所面临的真正的风险时，那些买入后就不再管它的基金策略其实是被误解了的。

下一步

- 你目前的投资组合中债券的比重是多少？
- 在目前的债券配置中，所持各类债券的比重如何？
- 投资组合的有效久期是多长？
- 目前的预期年化收益率是多少？
- 如果利率保持在低水平，会对你的资产增值产生什么影响？
- 通货膨胀会如何影响你的预计退休收入需求？
- 利率飙升会如何影响你投资组合中债券部分的价值？

第 3 章

目标日期基金的意外

20 世纪 90 年代初,目标日期基金被推出了,但到 2009 年,证券交易委员会因为 2008 年金融危机的后果而举行了听证会(SEC.GOV,2010)。我还记得在金融危机期间,一些个人投资者拿着对账单来找我,问他们的账户怎么会在临退休之前跌得这么厉害。我记得有些人说这种基金是不好的产品,而另一些人则指出,他们对这些产品到底是什么样的缺乏了解。虽然目标日期基金的投资组合的具体结构各不相同,但大体来说,它们创建了一个与经典资产配置理论所说的正确组合一致的饼图。它们从未说自己的产品能够对冲下行风险。

3.1 2008 年大萧条和近期的目标日期基金

当 2008 年大萧条发生时,2010 年目标日期基金的投资者在市场低谷时经历了高达 40% 或更多价值的缩水。可以理解的是,这件事可能相当令人不安,因为考虑到对他们来说退休是如此近在眼前。但是目标日期基金总体上实现了它们的使命:在不同的资产类别之间进行自动调整。如果我们认为传统的饼图在未来 20 年可能

第 3 章 目标日期基金的意外
Chapter 3 Target Date Surprise

会被淘汰，那么依赖于传统饼图的基金收益率可能会令人失望。如果利率飙升，某些基金将面临的下一个挑战是债券市场价值的大幅下跌。那么，什么是目标日期基金呢？其背后的基本原理又是什么呢？

创建一种一劳永逸的基金，其意图是好的，个人投资者可以选择投资什么而且不用想太多。如果你认为基金应该包含基于年龄的经典配置方法，而且当达到某些特定年龄时，配置会被调整，那么目标日期基金差不多就是这样做的。职场人士距退休年龄越近，越需要特意选择较少的股票基金和较多的债券基金，而目标日期基金能够在内部进行自动调整。投资者不必担心投资的再平衡，或者研究各种退休计划选项或基金种类。只做一次决定，剩下的由基金负责。

这似乎解决了投资组合配置的问题，投资者可以根据其在工作生涯中所处的位置来创建一个适合年龄的配置。在 1995 年，如果人们认为他们会在 2010 年退休，那么就选择 2010 年的目标日期基金。基金不仅会在内部自动地倾向于靠近退休日期的债券，而且会在退休后继续调整，把股权投资调整为久期较短的固定收益类投资或者具有现金性质的产品。今天，30 岁的职场人士可能会选择 2045 年或 2050 年的目标日期基金。

先不考虑同样日期的基金业绩方面的差别，基金都是按照既定的方式运行的。简单来说，那些距离退休还有很久的人几乎全部投资于股票类产品。尽管发生了金融危机这种意外，但截至 2014 年（Bary，2014），所有退休投资中有超过 20%（或者说 2 万亿美元）是被放在各种目标日期基金中的。当我们讨论目前退休人员在市场上的一些风险暴露时，请别忘了这个市场的规模。

3.2 目标日期基金的构成

目标日期基金的运作方式，是在不同的触发点对配置目标做不同的调整。它们把这种方式称为滑行路径。想象一下，一架飞机要着陆了。通常情况下，它开始下降，并按照有序的路径向跑道方向降低海拔高度。然后它落地，之后滑行穿过跑道到达登机口。乘客下了飞机，转乘另一种交通工具来完成他们剩下的旅程。投资者为退休所做的储蓄计划也是一种类似的飞行计划，即股票的高度从投资组合的近百分之百向下移动到退休后较低的位置。从图 16 中，我们可以看到一个滑行路径的例子，包含距退休还有 25 年、退休当年和退休后 25 年的数据。

在该图中，你会注意到年轻投资者的投资组合把目标更多地放在股票和每个阶段的调整上。在距离退休还有 5 年时，我们看到配置到股票、固定收益类和短期固定收益类产品的比例分别为 64%、30%、6%。退休时，股票的比例降至 55%，最后，在退休后的第 25 年降至 20%。记住，这些都是经典的投资组合饼图，它们是随着人们投资阶段的变化而变化的。这就意味着当距退休还有 5 年时，人们如果未对股票做对冲，那么其投资组合的几乎 65% 都将面临灾难性的下行风险。在今天的环境下，6% 的债券短期收益几乎为零，同时 30% 的债券收益率也处于历史低位，而且存在利率和通胀风险。

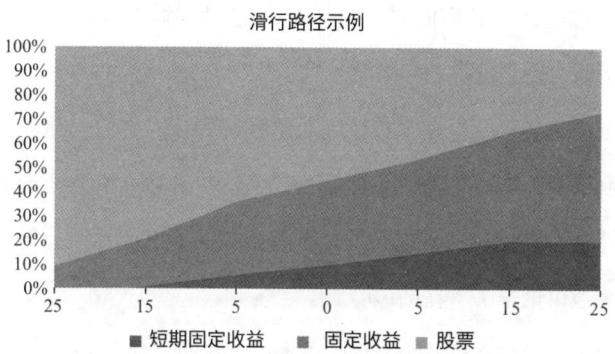

资料来源：T. Rowe Price。

图 16　退休前后 25 年的配置路径的示例

3.3 听证会指出了目标日期基金的问题

美国证券交易委员会 2010 年修订的关于目标日期基金的问题和建议的概况（SEC.GOV，2010）指出，目标日期基金具有一些缺陷。它提到的第一个例子是"2008 年的经历"，在 2008 年底，2010 年到期的基金的投资者平均损失了 24%。它还指出，由于不同基金的配置方法不同，投资者在 2008 年底的投资结果从 –9% 到 –41% 亏损不等（SEC.GOV，2010）。市场直到 2009 年 3 月才触底。在此期间，许多 2010 年到期的基金经历的最大损失几乎相当于仅考虑股票产品的损失。

美国参议院老龄化委员会的一份报告（GPO.GOV，2009）指出，不同基金的股票配置比例有很大差异。该报告引用了一个例子：在 2008 年，2010 年的目标日期基金的股票配置比例范围为 24% ~ 68%。2008 年，随着标准普尔 500 指数的收益率下降至 –37%，并且它从峰值跌至谷底的跌幅为 –56%，股票风险敞口越大，基金在股票下跌时受到的负面影响就越大。

未来，如果一个基金投资在久期较长的债券中的权重较大，那么在利率飙升时，它也会发生损失。一些在金融危机期间投资于抵押支持债券和信用违约互换的债券基金遭受了巨额亏损。稍后我们将更多地讨论未来潜在的风险。

为了正确地看待基金究竟跌得多惨，我们来看图 17。

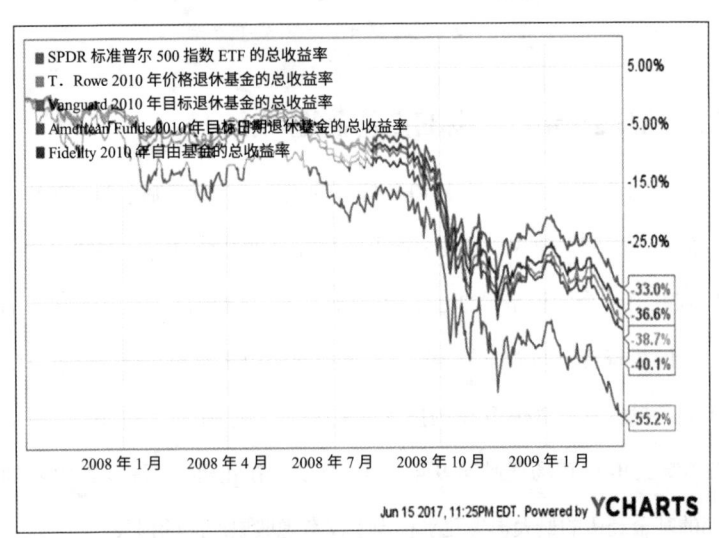

图 17　2010 年的目标日期基金从 2007 年 10 月高峰至 2009 年 3 月低谷的部分表现

第3章 目标日期基金的意外
Chapter 3 Target Date Surprise

造成业绩差异的原因之一是，基金经理在处理如何保证资产安然度过下跌时期的问题上的方法不同。关于什么是最好的资产配置组合，人们有不同的看法。使用相同的资产配置方法的经理会调整饼图中的杠杆。如果在未来10年，利率真的飙升，投资者对目标日期基金内的债券基金的表现将不会有怨言，我对此毫不惊讶。

美国证券交易委员会在2010年的报告中建议，作为补救措施之一，基金应该对其确切的资产配置进行更多的披露。应该有更多的图表显示这些基金的滑行轨迹，让投资者知道他们的基金里有什么总是好的。他们当然有权利获得这方面的信息。然而，对个人投资者施加压力，让他们自己决定其各种资产类别的配置比例，这样会不会与创建目标日期基金的初衷相冲突呢？那不就意味着，投资者必须在目标日期基金之间做出选择？或者创建一个不同的配置，把别的基金拼凑到一起？人们支持目标日期基金的理由总围绕着：消除个人进行再平衡的需要。买进就不管了，对吧？尽管用意很好，但我不确定这会给投资者带来更好的投资选择。

美国参议院老龄化委员会（GPO.GOV，2009）还提出了一个问题：选择与预期退休日期相匹配的基金的投资者是否明白，基金会一直调整它的配置，并且能持续使用到退休后的很多年。换言之，它没有在基金所给出的日子终止。我听到有人说，也许目标日期基金应该被重新命名为预期寿命基金，投资者只需选择他们觉得自己能活到什么年纪。别忘了投资者的生命周期中有几个不同的阶段。退休后，人们进入提款期，开始提款来支付日常开销。在这些周期中，资产应该用不同的方法对待。

目标日期退休基金与大学教育储蓄账户这种投资账户正好相反。大学储蓄基金有一个终点事件：你的孩子上大学了，需要开始付学费。我们知道这些钱大概会在未来4年（我们希望如此）逐笔被取出来，因此风险会逐渐降低，从而减少波动性和股票风险敞口。请看表8，它展示了一个19岁以上学生的529大学储蓄计划[1]配置的例子。

对大学基金账户来说，当事件终止时，这些账户很可能会在几年内全部被提空。因此，在提款期开始的时候，它们几乎没有股票风险敞口。退休账户的运作方式应该有所不同，因为资金需要持续很多年来为收入提供补充。理论上，大学资金账户最多只需要维持4年。

表8 内布拉斯加州 Nest 529 基于年龄的指数配置——19 岁及以上

国内股票	4%
国际股票	1%
国际债券	2%
固定收益类产品	38%
现金等价物	55%

资料来源：Nest 529 大学储蓄。

---

[1] 529大学储蓄计划是一种可以用来支付教育费用的低税高优惠投资账户。

现在，老龄化委员会在其报告中还写了这样一些话，似乎是在推断许多退休人员会在退休时，从他们的401k计划中一次性领取一大笔钱。委员会暗示这样做的危险是，如果投资者打算在退休时一次性提取退休金作为开支，那么在退休那年持有任何股票风险敞口（许多目标日期基金都是这样的），都会增加基金无法退出的风险。似乎可以推断，计划一次性提款的退休人员可能需要一个设计得更接近大学一年级学生的储蓄基金的投资组合。无论基金能否保证不产生资金损失，这些人是否都会选择这种在2010年一次性取出的基金？

设立目标日期基金这个想法的初衷是好的。许多目标日期基金设立的投资组合都会随着投资者不同的人生阶段，即工作和退休阶段，而改变它们的配置。虽然对于投资组合应该怎样正确地分配百分比还存在一些争论，总体来说，基金的执行理念是，它们会在内部做出调整，这样投资者就不必费心了。鼓励披露更多信息的提议（SEC，2010）的初衷也是好的。投资目标日期基金的人应该知道基金里有什么，以及它们会如何变化。他们应该知道，在目标退休日期前和目标退休日期后，他们都有可能会赔钱。他们还应该知道，基金实际上只是用年龄来确定投资组合中产品的权重的。

3.4 目标日期基金不提供个性化建议

这种一刀切的方法产生的问题是，虽然它方便、和简单，但没有充分考虑到每个人的个人情况。我经常被问到的一个问题是，我在这样或那样的年龄退休，钱足够吗？在这个年龄，我的资产是不是在合理的水平？真正的指导应该是更加个人化的。用一个假设的退休年龄来决定一个人的投资组合配置并不能解决一个人的真正需求。从寿命的角度来看，50岁退休的人和70岁退休的人对收入的要求是不同的。如果他们从另一个雇主那里也拿到退休金呢？如果他们的配偶有资产呢？

对于"我的钱够用吗"这个问题，真正的答案要具体得多。有时它看起来比实际更复杂。然而，如果你看一下具体情况，投资方法可能会有所不同。大多数试图预测一个人是否将有足够的钱支付退休后的花费的项目，都会结合几个输入值和假设，来显示资金持续的能力。当然，年龄也是需考虑的因素之一。但年龄本身不足以决定一个人的真正需求。

年龄之所以重要，仅仅是因为从理论上说，预期寿命决定了你的钱需要维持多长时间。一对已婚夫妇会有一个共同的预期。你要对未来的通货膨胀、年累计收益率和未来支出进行假设，然后得出一个理论上的答案，即满足退休收入目标所需的收益的资产类型。

目标日期基金不能解决个性化的问题。以接近退休并且有足够的资产帮助他们度过提款期的人为例。他们根据自己未来的收入需求来计算自己能够得到的数字和比率，但他们仅仅用名义收益率来应付，只是为了跟上通货膨胀的步伐。在退休前的一到两年内，这

第 3 章 目标日期基金的意外
Chapter 3 Target Date Surprise

些投资者的账户中可能有一半以上是未对冲的股票。当他们可以放缓脚步的时候，他们真的愿意接受一场 2008 年式的冲击吗？

当然，许多人说，大部分退休人员的储蓄并不足以维持或提供他们想要的收入，理论上他们无论如何都可能会耗尽自己的资金。那他们是否需要在投资时更加激进呢？将很大一部分或绝大部分钱投资于收益率如此之低、利率风险如此之大的债券类产品可能并不合适。许多投资者确实需要比目标日期基金所要求的更多的股票敞口。仅使用年龄来配置资产可能无法完全解决他们的需求——实现更高的增长率以弥补账户的资金不足。稍后，我们将探讨有效对冲的、最大限度地减少下行风险同时保留大部分上升收益的股票策略是怎样比直接购买股票的基金这种方式更安全的。目标日期基金对同一年龄段的每个人都采用了相同的方法。

有些人可能会说，参加 401k 计划的投资者可以通过换一个不同的目标日期基金来应对他们的具体情况。这将使他们能够微微调整自己的投资组合，从而以不同的方式分配资产。这又一次把任务推给了储蓄者，要求他们深入了解投资组合的设计和规划。还记得目标日期基金的目标是设定好，然后不管它吗？

这些产品也没有考虑所有者的外部资产，以及这可能对投资组合的设计产生什么影响。看看所有种类的资产。社保基金可能收入多少？以前的雇主有给退休金吗？外部资产这个事情很重要。单独来看，一个目标日期基金和相信它是最优的投资组合计划的基金经理，会把这只基金设计得与理论上完全一致。再平衡会使所有事情回到理论上的一致。想想人们换工作的频率，以后投资者只拥有单一投资组合的可能性就更小了。

人们的资金分散在以前的401k、个人退休账户和个人账户中。已婚夫妇可能拥有的资产集合又增加一倍，从而使这个问题更加复杂。简单地根据一个人的年龄来进行资产配置的目标日期基金，无法调和各种资产与其运作方式的关系。仅依靠"年龄"这个单一成分来选择投资组合的基金，没有考虑到这些问题中的任何一点，也没有计算资产数量是否符合投资者在其生命周期中所处的阶段。

2008年，目标日期基金引发了广泛讨论，人们终于有机会思考它们是否仍是许多投资者的最佳选择。然而，资金仍持续涌入它们。一些人预测（Steyer，2014），到2019年，目标日期基金的总资产将达到2万亿美元。绝大部分增长是因为雇员们被自动选择了那些在他们401k计划中可选的共同基金公司的产品。另一些持有自选账户的人则根据自己的预期退休日期来选择基金。随着这么多资金涌入这些产品，试想如果我们再经历一次严重的市场调整，未来的痛苦会不会加剧。我们已经看到，在2008年的下跌中，股票配置的部分会发生什么变化。下一个问题可能是关于股市的调整。也可能是利率的飙升，这将使债券共同基金受到损失。那些曾争论在接近目标退休日期时，基金所持有的股票的比例是否过高的委员们，将会发出不同的声音。如果利率飙升，听证会的焦点可能会集中在为何在预期利率上升的情况下基金还持有如此多的债券。后见之明总是正确的。但与10年前相比，投资者对这些基金的了解真的更多了吗？

我们知道，并不是所有这些基金都对其日期相近的基金采用相同百分比的配置。但是投资者可能不知道，他们持有的债券部分对利率的变动有多敏感。饼图中这一部分的有效久期是多少？在收益率如此低的情况下，他们会尝试从评级较低的债券中取得收益率吗？有些人将一部分资金投资于国际股票和债券，这也带来了一些货币风险。我还听说其他人可能会开始将大宗商品或房地产产品（REITS）加入投资组合。这其中有些风险对不够敏锐的人来说可能不容易发现。

尽管许多目标日期共同基金通过持有债券避免了2008年的股票损失，但业绩最差的基金还是经历了固定收益部分的巨大损失。这些基金中的相当一部分都投资于一组同公司的其他的共同基金。因此，假设一个投资者购买了A公司的2020年到期的目标日期基金，该基金可能又被投资于A公司的核心债券基金、大型公司股票基金、国际基金等等。2008年，有一家公司的2010年到期的目标日期基金通过组合中的一只债券基金，投资于抵押支持证券之类的资产（Hale，2017）。这导致的损失更像是100%持有股票的基金可能发生的损失。

正如前文所说，提供这些基金的公司总体上是在做它们计划做的事情，也就是创建一种投资组合，从某一点开始，随着持有者变老而变得越来越保守。它们使用的是经典的资产配置方法，更多的是在股票和债券之间进行多元化投资。如果你认为投资者应该继续使用经典的投资组合设计方法，那么争论的焦点就是在给定的年龄，这个配置的百分比应该是多少。我的确认为，这些基金的创造理念是基于这样一种信念，即如果任由投资者自己选择，他们中的大多数可能会做出不那么理想的决定。一些人可能过于保守，而另一些人可能试图把握市场时机，结果却因为在某段时间持有现金而错过了机会。

然而，重要的一点是，无论目标日期基金的用意如何良好，都不会使整个投资过程个性化。在投资者最需要的时候，它们并不能提供真正的对冲来应对市场下跌。如果它们的创建过程是基于多年的历史平均数据，那么当我们进入一个零增长或利率持续低迷的时期时，它们可能不会给我们带来所需要的收益率。如果在退休日期之前的几年里利率飙升，资产中固定收益的部分可能会发生相当大的损失。

事实是，许多为退休做准备的人可能需要比他们想象的更多的增长。这意味着他们需要投资像股票一样的产品。更好的方法是使用股票对冲策略。这不仅使股票配置成为可能，还提供了一个安全网。正如我们将要讨论的，波动率已成为一种新兴的资产类别，它应该在投资组合中占有一席之地。记住投资的三个阶段：累积阶段、基数增长阶段和分配阶段。拥有能够使投资收益最大化且风险最小化的策略应该是至关重要的，而且这些必须根据个人的需要进行定制。

围绕目标日期基金的主要争论之一是，每种资产类别应该持有多少，以及在什么年龄持有。争论中，一方表示，股票持有得太多，并且配置的百分比过高导致了亏损增加。这群人认为，应该将更多的资产投资于"更安全"的固定收益类资产。而另一方则说，投资者仍然需要股票投资，因为投资者需要这些额外的增长（即使在快要退休之前）。他们担心"长寿"风险，也就是说有些人的寿命会超过他们资产续存的时间。这场争论首先指出了仅仅根据年龄进行资产配置的问题。如果个人的投资组合已经足够维持他们退休后的生活，额外的股票配置比例会使退休生活面临风险。有些人在账户内资金不足时过于保守，投资股票可能并不会改善他们的情况，因为他们的寿命总会超过他们资产的续存时间。

如果我们回头看固定收益为什么常常被纳入投资组合这个问题，答案是为了减少波动率，降低风险，并试图产生最高的风险调整后的整体收益。在最新的饼图中，如果投资者仍在寻求更高的增长率并将其作为优先考虑的事项，那么为什么不更多地使用股票对冲策略进行投资呢？这些策略能够降低下行风险。虽然债券就是用来降低下行风险的，但股票对冲策略能为投资者提供获得高额上行收益的机会。

尽管目标日期基金的目标仅仅是根据年龄调整资产配置，但2008年的市场变化给它们带来了严重的后果。想象一下，在如此接近退休的时候出现巨额亏损，意味着生活上将有多大的差别。如果我们使用一些假设的前提，然后绘制一个市场下跌30%的图像，它可以直观地说明这个影响。我们假设某人距退休还要工作两年。计划66岁退休，在64岁时，他账户里的余额为615118美元。他目前的薪水是114947美元，预计剩下的时间里每年只会增长1%。从薪水中，他会拿出15%为退休做储蓄。我们绘图时使用的期望通货膨胀率为每年2.5%。退休后，他每年将获得大约18000美元的社保金，这个金额不会因任何生活成本的调整而增加。最后，他退休后第一年需要的收入是退休前最后一年收入的65%，当然这个数字每年会随着通货膨胀率而增长。

我们假设的这两个场景的区别在于，在我们的第一张图中，投资者退休前和退休后分别享有7%和6%的平稳的年化收益率。图18显示了他们的资产余额曲线可能出现的样子。

现在，我们保持基本假设不变，只改变一件事。对于64岁的投资者来说，在所有其他假设相同的情况下，他们本年不是获得了7%的收益，而是遭受了30%的损失（见图19）。

不同之处在于，糟糕的一年使他们的资产在76岁而不是82岁时就用完了。这一年导致他们的钱在退休后能维持他们生活的时间少了6年，使他们在后来只能依靠社保金生活。当然，这只是假设，

第 3 章 目标日期基金的意外
Chapter 3 Target Date Surprise

而且他们并没有房产或其他的资产。但该图确实表明，如果没有实实在在的对冲或更加保险的下行保护，资产配置只能在熊市中为投资者提供这么多的保护。

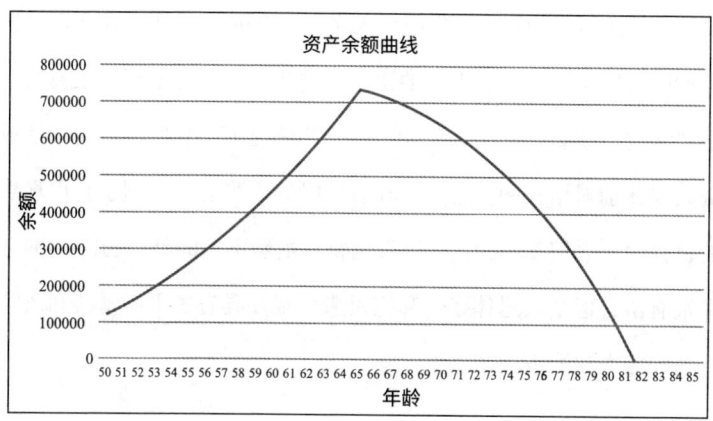

图 18　假设没有大幅市场下跌的资产曲线

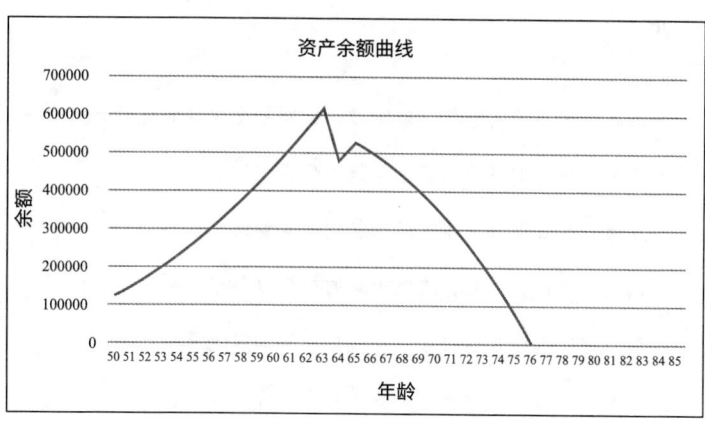

图 19　假设有大幅市场下跌的资产曲线

不幸的是，目标日期基金依然没有被真正地理解，许多投资者仍把钱投入其中。随着新雇员的加入，401k基金越来越频繁地将其作为默认选择。正如我们在关于分散投资为何会失效的讨论中会看到的，越来越多的资产被集中投入交易活跃的ETF中，这在市场抛售期间可能会增加市场下跌的比例。这些基于年龄的配置工具几乎不了解它们想要帮助的那些人。在某些情况下，它们可能会低估投资人退休前对增长的需求；而在有些时候，当有人达到了它们规划的目标时，它们却不能及时进行调整。虽然不幸的是，401k内的选择很有限，但个人退休账户和应税账户现在具有了平衡增长和风险管理的能力和策略。

下一步

- 回顾经纪公司的账单，确定目标日期基金现在的配置比例。
- 研究目标日期基金的基于年龄的配置方法。
- 观察目标日期基金在市场抛售期间的业绩。
- 制定一个财务计划，决定未来的投资收益率需要达到多少。
- 看看你能否在自己的账户中选择不同的投资策略。
- 判断你选择的目标日期基金是否适合你的情况。

第4章

为什么分散投资失效了？

马克·库班（Mark Cuban）——NBA达拉斯独行侠队的知名老板、美国广播公司真人秀节目《创智赢家》（*Shark Tank*）的投资人，在2011年接受《华尔街日报》（*Wall Street Journal*）的视频采访时表示，"分散投资是傻瓜才会信的事"（WSJ.COM，2011），并对"买入并持有"的方法进行了更直接的评价。这一评价的背景与库班的想法有很大关系，他认为个人投资者并不能使用充分的分散投资来代替与股票相关的专业知识。但是，当把分散投资作为一种减少或消除投资风险的方法时，这种说法是正确的还是错误的呢？

投资风险通常包括可分散风险和市场风险（又称系统性风险）。可分散风险是指与其只投资几种产品，不如把风险分散到很大的程度，这样即使一只股票崩盘也不会拖垮整艘船。单只股票的风险确实是存在的。我们想一下，从收盘到开盘大幅下跌的情况，往往是由盈利报告引起的。还有些时候，比如像医药公司那样，是由美国食品药品管理局（FDA）对一种新药的批准而引起的。每个人都记得安然事件，安然公司被发现是一家摇摇欲坠的公司。对于仅仅持有几个公司会增加风险这一点，没有什么人会反对。

建立分散良好的投资组合经常被拿出来说的好处之一是，当一个人持有的投资产品并不高度相关时，如果其中一个产品发生抛售，理论上其他的产品会通过持有或增值来减少风险，至少价格不会下降那么多。单只股票的风险是投资者试图避免的风险种类的一个很好的例子。假设某个投资组合只包含一种证券。如果突然有消息传出，这家公司的首席执行官被逮捕了，公司的收益严重下滑，未来的预期也是悲观的，那么即使市场走高，这只股票的价格也会被压得越来越低。分散投资通过持有许多不同的证券来分散风险，并消除波动率。有人指出，创建投资组合时至少要包含20个不同的产品。

其他人（Brigham, Ehrhardt, 2014）指出，将持有的证券数量从单只增加到40只，可以使期望标准差或波动率从35%下降到20%，但如果超过40只就会拉低收益率。持有大盘指数ETF的投资者已经实现了分散投资，因为他们持有的这一个可交易的证券就相当于持有多只股票。经常出现的一个问题是，仅使用分散投资的方法真的能降低风险吗？当我们在2008年考虑股票时并不是这样的。那时债券确实为投资者提供了一个安全锚，但正如我们将在下一章讨论的，它们以后很可能不会再带来任何收益。

经典的分散投资方法有时会被错误地理解。仅仅拥有一堆不同的股票或共同基金并不总是完全符合这一定义。有一次，我们在一群人面前表演吉姆·克拉默（Jim Cramer）的作品《我的投资够分散吗？》(Am I Diversified?)——人们走到麦克风前，说出他们持有的 10 只股票的名字，我和观众一起对它们进行快速的回顾。吉姆·克拉默在美国消费者新闻与商业频道（CNBC）《疯狂金钱》(Mad Money)这个节目中，曾常常接收观众来电，这看起来是让观众参与进来的一种很好的方法。在这之后，ETF 开始在资产中占据绝对的主导地位。换句话说，当时投资者还更多地持有单只股票。听众中的很多人都很好地选择了不同的行业和板块，分散了单只股票的风险。当然，我还记得一位听众说，他持有 20 只不同的股票，不过它们都是与互联网相关的中国公司。还有一件事被提及，就是投资者只持有共同基金。有趣的是，当我们输入那些共同基金的代码时，投资者突然发现，虽然自己持有一组不同的基金，但基金有很多重叠的部分，以至于持有它们并没有分散投资的好处。即使在今天，如果你持有一些 ETF 或共同基金，它们持有的股票也有可能是部分重叠的，也就是说，持有更多的共同基金或 ETF 并不意味着更分散的投资。

4.1 是否有太多的资产集中在ETF中？

个人投资者通过 ETF 而持有的股票基本上是一样的，这个趋势会一直上升。从 2003 年到 2016 年，全球各 ETF 的总资产从 2040 亿美元增加到 34000 亿美元（Statsta.com, N.D.）。许多被动管理的基金投资它们仅仅是为了追踪标的指数。最近有传言质疑，资金投资于被动型ETF的百分比更大了（并且还在上升），是否会带来更大的风险。基本上，这个观点的意思是，如果人们不再投资单只股票，而只投资基于指数的ETF，那么权重最高的公司就会持续获得越来越多的投资。这创造了一个自我实现的预言，即估值可以保持在高水平而且在投资组合中的权重也可以得到维持。以前，人们的想法是个人股票投资者（包括机构投资者）会对产品进行分析，并奖励或惩罚那些股票价格会对市场指数产生影响的公司。

令人担心的是，如果这么多资金被简单地投资于被动型指数基金，那么剩余部分的资金将无法为标的资产价格的纠正带来足够的动力。在市场抛售或暴跌期间，这样的投资者所占的比例会越来越大：他们将加剧下跌趋势，因为每只股票在指数中的部分都会被卖掉，从而使价格下降得更为迅速。另一个问题是，公司，尤其是那些投资了不同ETF的公司，可能某些股票的权重更大或更为集中，因此受到的影响也比个人投资组合受到的影响大。表9显示了SPY和QQQ中的头部公司的权重。

你可以看到，如果投资者同时持有这两只ETF，比例为50∶50，那么在这个投资组合中，苹果公司将会占比约16.4%。现在，再加上其他一些可能持有苹果公司股票的共同基金和ETF，你就会发现，一个投资组合的集中度可能会比人们实际认为的更高。

表9　2017年8月，SPY和QQQ ETF内各公司的权重

QQQ	百分比	SPY	百分比
苹果公司	12.43%	苹果公司	3.96%
微软公司	8.36%	微软公司	2.68%
亚马逊公司	6.82%	脸书公司 A	1.90%
脸书公司 A	5.94%	亚马逊公司	1.82%
字母表公司 C	4.79%	强生公司	1.72%
字母表公司 A	4.18%	伯克希尔·哈撒韦公司 B	1.63%
康卡斯特公司 A 类	2.87%	摩根大通公司	1.54%
英特尔公司	2.43%	埃克森美孚公司	1.54%
思科公司	2.30%	字母表公司 A	1.33%
安进公司	1.85%	字母表公司 C	1.31%

资料来源：PowerShares & iShares。

这并不是说投资者不应该使用ETF。恰恰相反。但仅靠分散投资并不能大幅降低市场的系统风险。而且由于上述原因，我们可能会看到未来的下跌将会更加严重，相关性更高。这是因为人们对ETF的过度投资。正如我们稍后将探讨的，单独持有或与期权相结合持有追踪整个市场表现的ETF，可能会为投资者提供更好的下行保护。我们不能仅仅相信或希望在好的时期通常不相关的事情，在抛售时期和熊市中会继续不相关。

4.2 经典的资产配置模型

我们来看一个最简单的资产配置方法：从投资一些股票和一些固

定收益类产品开始。一般来说，每个篮子中的金额取决于投资者的年龄和风险承受能力。只寻求收入的人在市场下跌阶段可能会把资金全部投资于债券。而一个更年轻的或激进的投资者有时可能会将钱全投资在股票上。通过表10，我们可以看到一些资产配置的例子。

表10 投资于股票和固定收益类产品的传统资产配置

配置的资产类型	股票（%）	债券（%）
激进增长型	100	0
激进增长型	90	10
增长型	80	20
增长型	70	30
平衡型	60	40
平衡型	50	50
平衡型	40	60
收入型	30	70
收入型	20	80
收入型	10	90
收入型	0	100

4.3 通过将投资分散在板块和地区会怎么样？

从历史上看，债券在提供一定收益的同时，也在市场压力大时提供了一定的不相关性。它们也从一个前所未有的大牛市中获益过。在股票方面，许多专家会建议：投资一些除美国大盘股以外的股票。股票部分可以包含大型、中型和小型的公司。国际投资产品因为有了共同基金和后来的ETF变得更容易投资了。发达市场和新兴市场

第 4 章 为什么分散投资失效了？
Chapter 4 Why Diversification Fails?

的加入给投资者带来了高增长率的诱惑。如果美国的市场放缓，世界其他地区也许仍能提供更高的收益。在足够大的投资组合中，可以加入各种国家基金。连大宗商品基金也允许投资者将投资组合分别投资于黄金、白银和石油。这个做法的理念是：不是所有的事情都会一直朝着同一个方向发展。有些人把资金投资于不同的市场板块。然而，当市场抛售和调整时，很多不同的投资产品都会下跌。想想从 2007 年 10 月至 2009 年 3 月这个从高峰到低谷的阶段，不同板块的 ETF 与标准普尔 500 指数的变化率的对比（见表 11）。

表 11　2007 年 10 月至 2009 年 3 月，从高峰到低谷的各板块 ETF 和标准普尔 500 指数的变化率的对比

	代码	百分比变化
标准普尔 500 指数	SPY	−56.5
金融板块	XLF	−82.5
医疗健康板块	XLV	−39.7
工业板块	XLI	−63.3
非必需消费品板块	XLY	−57.6
必需消费品板块	XLP	−30.6
原材料板块	XLB	−58.2
科技板块	XLK	−52.2
公用事业板块	XLU	−44.9
能源板块	XLE	−48.8

资料来源：雅虎财经。

当然，危机对金融市场的冲击给投资者带来了很大的伤痛。但将投资分散在多个板块中的投资组合仍经历了大幅下跌。你可能听

过很多次这样的说法：一个分散的好的投资组合能使投资者免受市场影响，并提供较小的波动率。在较为严重的市场抛售发生时，所有产品的价格都会下跌。随着期权的兴起，我们现在可以结合期权，以较小的风险创建风险敞口。我们稍后再说这个问题。目前，问题的关键是，分散投资的方法作用有限。那么，将投资分散到世界各个区域会怎么样呢？表12显示了从2007年10月至2009年3月，世界各地市场的点对点的百分比变化。

表12 2007年10月至2009年3月的国际ETF业绩

描述	代码	百分比变化
MSCI日本	EWJ	−52.7
中国大型股	FXI	−63.0
MSCI新兴市场	EEM	−60.7
MSCI欧澳远东国际股	EFA	−62.4
欧洲	IEV	−64.6
MSCI澳大利亚	EWA	−68.2

资料来源：雅虎财经。

iShares的各种ETF涵盖的所有国际区域都发生了从高峰到低谷的显著下跌。除一只ETF外，其余的跌幅均大于标准普尔500指数。要说明一点，这并不是对iShares提供大量而且活跃的ETF的控诉。我只是想说明，简单地在投资组合中增加更多的地区或国家的投资产品，不会在市场崩溃时减少风险。此外，需要明确的是，这不是一个对配置世界性资产组合的指控。今天，从来没有过这么多的公司，它们在一个国家创办，但大量的收入是从其他国家获得的。产品的生产过程可以发生在很多国家。

随着全球化的发展，国家间对彼此经济的依赖性越来越大。许多国家制定了政策，确保它们的货币不会变得过于强劲而阻碍货物向境外运输。在某种程度上，这也是在压低利率。随着经济间的相互关联越来越强，一个地区的麻烦可能会在其他地区引起问题，造成多米诺骨牌效应。1998年的投资人可能还记得东南亚的"亚洲金融危机"[1]。你根本无法通过选择足够多的国家来分散风险。在下一章中，我将对债券进行展望，来说明过去的收益率是无法复制的。在严重的下跌和抛售期间，债券又会怎样呢？

4.4 作为对冲的固定收益类产品

这是一个合理的问题，尤其是考虑到许多投资组合都会在股票和债券上各投资一定的比例。从历史上看，美国国债在市场动荡时为投资者提供了最好的避风港。它们被认为几乎是无风险的。那些进行安全投资转移的投资者在抛弃股票后会转向一个地方，这个地方就是政府债券。当然，你们中的一些人可能还记得曾听到或读到一些关于美国国会需要提高债务上限的消息。如果你没听过，不要担心，它会再次发生的。稍后我们将更深入地探讨美国的债务状况

---

[1] 1997年7月，亚洲金融风暴席卷泰国、马来西亚、新加坡、日本、韩国和中国等国家和地区。

和其对投资组合的影响。但现在的重点是，到目前为止，美国政府还没有出现过债券违约的情况。

美国国债表现如此出色的另一个原因是，通常情况下，当市场面临压力时，美联储试图缓解问题的机制之一是降低利率。债券市场的价值因利率下降而升高，因为债券的票息变得比市场利率更高了。随着市场不断下跌，一个善于通过降低利率进行自我调节的美联储，可能会帮助债券在投资组合中站稳位置。现在我们在更多地关注美国国债，但是投资组合也可以配置于投资等级的公司债券。在美国和世界各地都是如此。投资者还可以寻求更高的收益率，并将目光投向历史上收益率较高的高收益区间。那么，在上述从高峰到低谷的阶段，债券的业绩如何呢？表13显示了不同久期的美国国债、投资等级的公司债券和高收益债券的数据。我们还使用了一种比较容易购买的混合型ETF，即综合债券指数基金。

表13　2007年10月至2009年3月，债券的iShares ETF的业绩示例

描述	代码	百分比变化
1～3年期国债	SHY	+3.73
7～10年期国债	IEF	+13.55
20年期以上国债	TLT	+17.65
核心美国综合债券	AGG	+0.57
投资等级公司债券	LQD	−13.55
高收益公司债券	HYG	−40.90

资料来源：雅虎财经。

在我们的样本中，久期超过 7 年的美国国债提供了正收益率。美联储在 15 个月的时间里将利率从 4.5% 降至基本为零，这让它受益良多，成为了安全投资转移的地方。投资等级的美国公司债券和高收益债券都被抛售。后者被抛售得更为激烈。核心美国债券的配置总量略有上升。传统的饼图持有不同股票的组合（类似 SPY 这只 ETF）和国债产品，它在市场最低迷时所经历的下跌较少。不过，未来的问题是，债券的年息票率越来越接近零。自大萧条时期以来，利率一直保持在低位。

虽然它们在经典投资组合中的效用得到过很好的证明，未来，在目标退休日期前后这个关键时期，它们的低收益率将使投资组合持有它们的机会成本变得对投资者不利。想想我们名单中业绩最好的 ETF，即 20 年期国债 ETF，它对利率的变化极度敏感。请记住，如果利率上升，并且投资者持有长期的美国国债，他们可能会遭受市值损失。虽然利率飙升的可能性不大，而且很可能不会飙升，在未来十年里，如果利率像上一个十年一样保持在一个低值的范围内，它们会给实际收益率的产生带来巨大压力。我们将会研究为什么债券将很难复制它们过去惊人的表现。

4.5 短期市场调整期间的分散投资

当市场面临压力时，一些人可能会想，是否只有在最严重的市场修正期间，才会发生所有产品在下行趋势上都或多或少地变得高度相关。以2015年8月的抛售为例,在此期间,市场价值在几天内急剧下跌(见表14)。

表14 2015年8月18日至2015年8月24日,各板块ETF与SPY的百分比变化

	代码	百分比变化
标准普尔500指数	SPY	−9.73
金融板块	XLF	−10.40
医疗健康板块	XLV	−9.71
工业板块	XLI	−9.13
非必需消费品板块	XLY	−9.84
必需消费品板块	XLP	−7.83
原材料板块	XLB	−9.41
科技板块	XLK	−10.10
公用事业板块	XLU	−5.06
能源板块	XLE	−13.20

资料来源:雅虎财经。

就在你最需要分散投资发挥作用的时候,它可能会随着资产的相关性变大而失效,尤其是在市场下跌期间。另一个问题是,全球各地的市场正在变得更加相关(Businessinsider.com,2016),这意味着一个市场如果发生抛售会波及其他市场。1998年,"亚洲金融危机"始于东南亚,之后在世界各地都引起了轩然大波,给欧洲和美国也带来了问题。

4.6 使用有股息的股票作为对冲?

虽然这不是一个纯粹的经典的分散投资的策略,但仍有许多投

第 4 章 为什么分散投资失效了？
Chapter 4 Why Diversification Fails?

资者选择将资金投入高股息股票中。经常被提起的原因是，股利在市场下跌时给投资者提供了一个缓冲，甚至在股市没有增长时，他们也能领取到股息。还有一种想法是，普通的派息股票不像成长型股票那样波动剧烈。然而，当情况变得足够糟糕时，购买高股息股票只能是一种软对冲。一个已经被大家熟知的投资策略是，购买道琼斯指数中股息最高的股票。

其理由是，当股息保持相对稳定或增加时，随着股票价格降低，股息率在升高，因为股息率是用股息除以股价计算出的。如图 20 所示，我们可以看到使用"狗股理论"[1]策略中所列出的公司股票得到的最终的年化收益率（Templeton，2009）。

我第一次听说这个策略是在 1994 年。我实际上喜欢它的大前提，因为它要求投资者购买道琼斯指数中跌得最狠的公司，这也意味着买入股息收益率最高的股票。你能得到的股息（假设股息还继续被发放），而且随着指数中的资产作出调整，你也可以得到资产增值的部分。但正如你在上文所看到的，它们只能稍加缓解下跌的局面。虽然有些人可能会说，2008 年的情况是很异常的，有些公司还需要政府的救助。未来，派息股票还会面临另一个风险。

考虑到金融危机后利率变得很低，为了寻求收益，许多投资者纷纷转向派息股票。截至 2017 年中期，许多这样的公司估值都很

---

[1] 狗股理论（Dogs of the Dow）是美国基金经理迈克尔·奥希金斯（Michael O'Higgins）于1991年提出的跑赢大市投资策略。

组合投资新思维
Broken Pie Chart

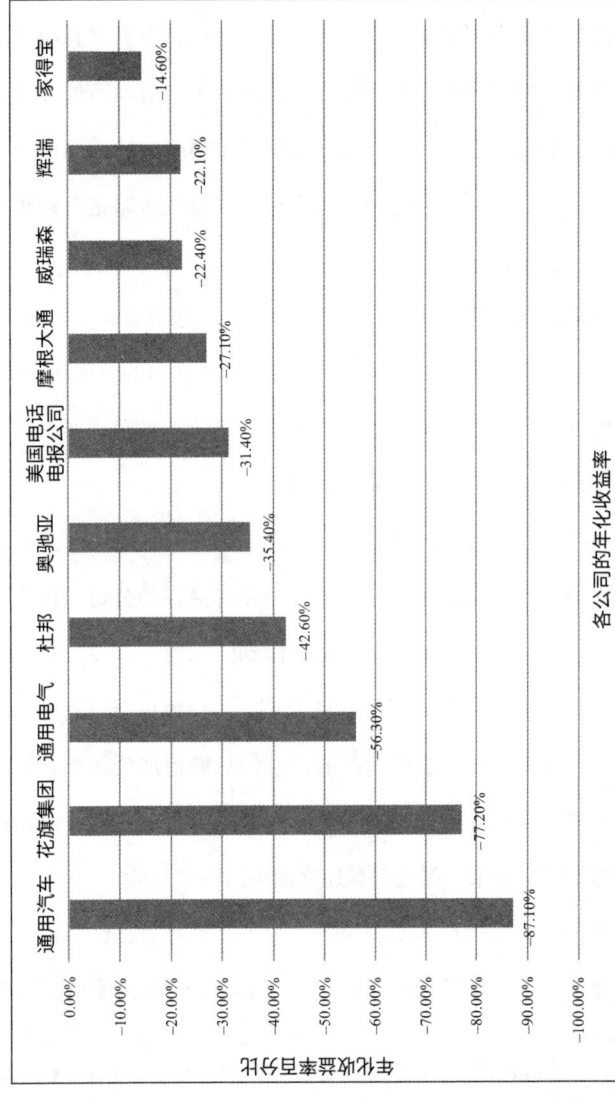

图 20 2008 年道琼斯指数中股息最高的股票的年化收益率

资料来源：Seeking Alpha。

第 4 章 为什么分散投资失效了？
Chapter 4 Why Diversification Fails?

高。2017 年第三季度末，市场上交易的公用事业板块股票的市盈率（PE）达到了 33。

如果利率开始上升或飙升，派息股票也可能会被轮换掉。从这个角度来说，与固定收益类产品一样，派息股票也有一定的利率风险。原因在于，如果投资者能够找到一种更安全的、收益率与公司的股票相当的政府债券，为什么不使用这种债券呢？毫无疑问，这是一个拥挤的行业。仅投资于高股息股票并不能为投资者带来一个抵御下行风险的硬缓冲。优先股也面临利率上升的风险，因为它们支付的股息通常是固定的，但它们不像单个债券那样有到期日。

分散投资的想法是好的，因为过度地将资产集中于一只股票，会使投资者容易受到单只股票发生的意外的影响。通常情况下，市场的系统性风险不能单靠分散投资来解决，为投资者提供有效的下行保护的作用有限。在很多情况下，它变得更像一个美好的愿望。如果说 2008 年教会了我们什么的话，那就是，无论分散投资的投资组合的本意多么好，它们都可能在投资者最需要它们的时候失效。正如我们将在后面的章节中探讨的，当涉及下行风险保护时，硬缓冲和软缓冲之间是有区别的。

未来有比过去更多的选择。个人投资者可以在其饼图中添加另类投资产品。如果大幅的市场上涨真的发生，那么这些产品可以通过好的对冲策略给投资者带来资本增长。即使在市场表现奇怪时，通过制定正确的策略，这些产品也能给投资者带来收益。单纯地和别人做一样的事情不再是唯一的选择。

好消息是，现在散户投资者比以往有了更多的选择。你只需要知道如何找到它。过去，那些优质的股票和债券产品只有机构或者有资格的对冲基金才能投资。即使没有别的作用，本书中的信息也能够教你如何问与自己投资组合有关的正确的问题。

下一步

- 分析一下你的总投资组合，看看不同板块、地区、行业、资产类别、久期和公司的权重分别为多少。
- 给你现在的投资组合做一个压力测试，看看在市场纠正时，持有的资产会如何表现。
- 判断你持有的固定收益类或债券类产品对利率的敏感度有多高。
- 如果你持有ETF或者共同基金，估算一下持有的产品中有多少重叠的部分。
- 你的投资组合是否提供硬缓冲或者软缓冲？

第5章

如果我们的投资组合遭遇横盘或者下跌会怎么样？

大多数人都曾被告知，市场在长期内总是会回升的。投资者应该可以安然度过调整期或熊市期，因为市场肯定会恢复。但对于那些计划退休的人来说，调整期或熊市期在什么时候发生很重要。那些为了提高退休后的生活水平的人试图将其资产净值最大化，他们无法承受市场发生多年的横盘，更不用说严重的修正了。周期性熊市和横盘的市场确实会出现。这就是为什么在你的投资饼图中使用能够在不同的市场情况下（甚至是横盘的市场和熊市）都获利的策略是十分重要的。

历史收益率虽然仅仅代表了过去发生的事情，但确实给了我们可以分析的数据，帮助我们从理论上来猜测未来会发生什么。它们还显示了在某些时期，标的股票市场指数的累计收益率可能会很小，甚至为零。我们已经指出的问题是，人们根本没有70年或100年的时间用来投资，以真正提升其股票的价值。有了标准普尔综合指数，我们可以回到1871年。你可能总是听到，如果你买入并持有足够长的时间，即使在调整之后，市场也会涨回来。这可能是真的，但需要考虑市场维持不变时可能给投资者造成的损害。

2000 年 4 月，标准普尔 500 指数收于 1461.36 点，从 1994 年开始暴增的一段令人难以置信的上涨期行将结束。1994 年 4 月，该指数在 447.23 点。到 2000 年 4 月为止的 6 年里，该指数的累计收益率超过 225%。虽然这个指数超过 1461.36 点后，在高点处浮动了几个月，但直到 2013 年 1 月，它才真正摆脱了横盘和下跌的局面。这一时期长达近 14 年或 165 个月。图 21 显示，除了两次大幅下跌外，该指数基本上花了 14 年才突破至新高。

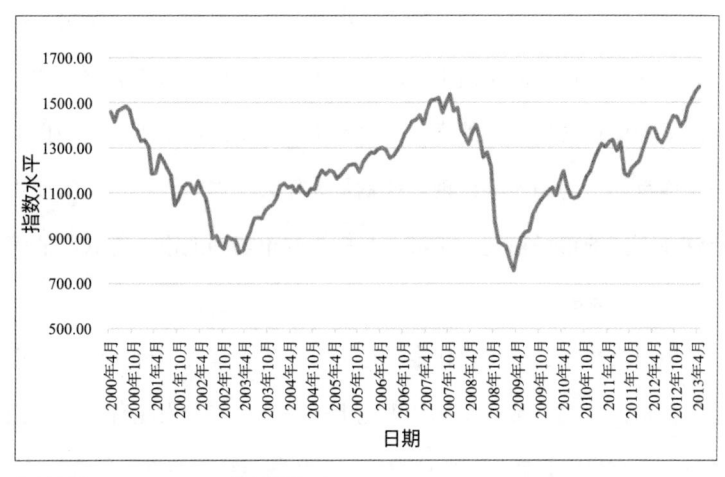

资料来源：Robert Schiller 线上数据。
图 21　2000 年 4 月至 2013 年 4 月的标准普尔 500 综合指数

从 2000 年 4 月到 2013 年 1 月的近 14 年间，该指数累计涨幅仅为 1.3%。不幸的是，即使是那些"买入并持有"或"买入并希望"的人（我们现在就是这么称呼他们的），可能在某段低迷时期都因为恐慌而抛售过，然后在市场涨回来时再高价买进。从 2000 年和

第 5 章 如果我们的投资组合遭遇横盘或者下跌会怎么样?
Chapter 5 What If We Go Sideways or Down?

2008 年的熊市中走出来后,一些人仍然持有过多的现金而且仍然轻率。这一时期确实是紧随历史上最大的牛市而来的。或许投资者会希望,在对其投资组合影响最大的 15~20 年中,市场会发生巨大的增长,而不是萎靡不振。图 22 显示了标准普尔 500 综合指数的牛市行情是多么壮观。

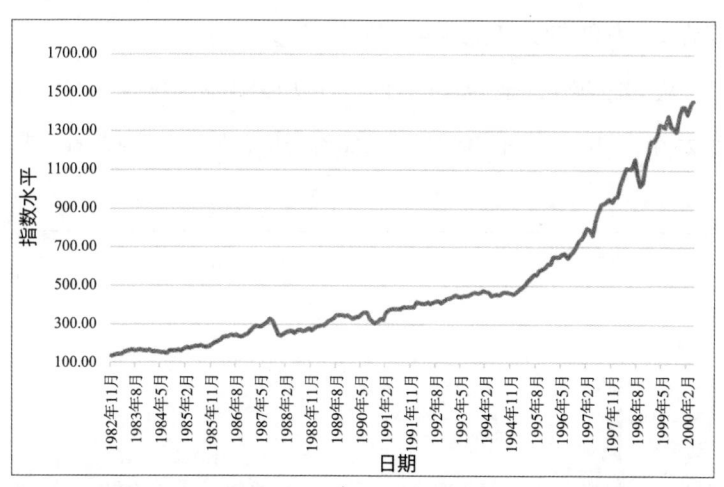

资料来源:Robert Schiller 线上数据。

图 22　1982 年 11 月至 2000 年 2 月的标准普尔 500 综合指数

在这轮神奇的牛市中,标准普尔 500 综合指数创造了 958.19% 的点对点的累计收益率!没错,该指数在近 17 年的时间里创造了近 10 倍的收益。之后当我们分析退休计算器的局限时,请记住这一点,并想想这是不是你在退休前几年的股票收益。所以,如果这种类型的牛市能发生,那就太好了!但如果在你投资最关键的几年里它没有出现呢?你能负担得起买入并持有股票,然后纯靠希望吗？希望市场不会在你最不能忍受的时候突然大幅下跌？需要说明的一点是，这并不意味着你应该完全避免投资股票，或者把资金全部投入股票中。相反，你应该投资于股票市场，但要有一些保护措施。

我并不是要戳破市场的泡沫，但是看看近25年来的股市接近为零的收益率和其间出现的大幅下跌就知道了。

从1929年9月至1954年11月，市场累计涨幅仅为6.16%。在图23中，我们可以看到标准普尔500综合指数在大萧条时期的走势。

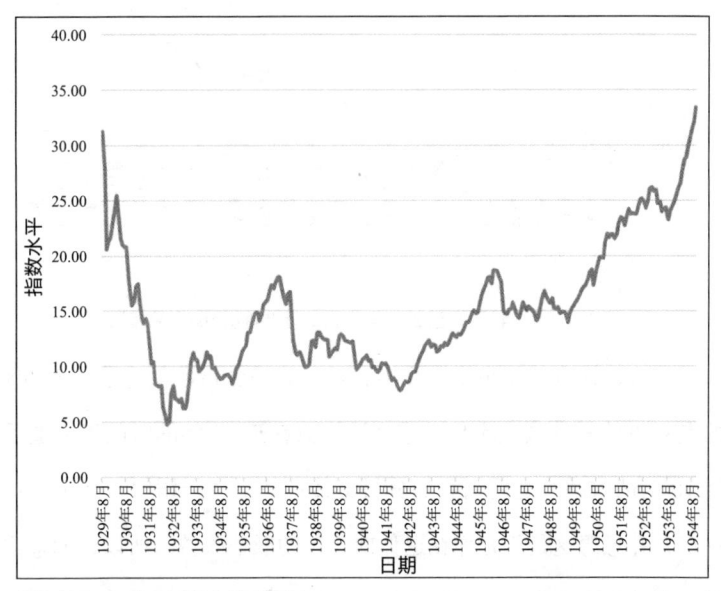

资料来源：Robert Schiller 线上数据。

图23　1929年8月至1954年8月的标准普尔500综合指数

第 5 章 如果我们的投资组合遭遇横盘或者下跌会怎么样?
Chapter 5 What If We Go Sideways or Down?

现在有些人可能会指出,如果你每年都能投资一些金额,并在不同的时间买入市场,那么这将产生美元成本平均化的效果。美元成本平均化的想法是,在一个周期内购买股票时,在股价低时买入较多的股份,在股票较贵时买入较少的股份。这是正确的,因为每年对储蓄账户进行投资是一个很大的优势。然而,它仍然不能打消一个顾虑,即一个人的资产量可能在 25 年内都不会超过之前的高点。其他人可能会说你忘了股息。当然,股息会被包括在标准普尔 500 总收益率指数的总收益中。尽管随着时间的推移,我们已经看到了股息带来的收益,但标准普尔指数的股息仍持续走低,如图 24 所示。

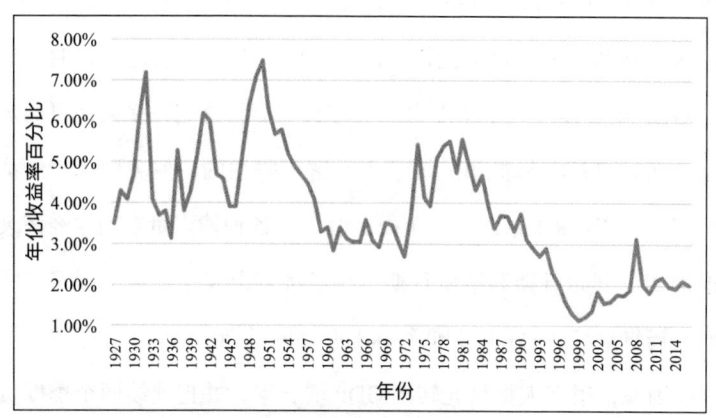

资料来源:纽约大学斯特恩商学院教授埃斯瓦斯·达莫达兰。

图 24 1927—2014 年标准普尔 500 总收益率指数的历史年化股息收益率

如果你只指望股息收入,那么你得到的就差不多是一个固定的收益或者类似债券的收益率,但还有股票的较大的标准差。换句话说,在长时间的市场停滞中,你会因为股票组合额外的波动性而承受很大压力,这个时候的组合收益率非常小。

在未来10年或20年的某个时候,美国将经历一次经济衰退。衰退的形式和规模各不相同。并非所有衰退的严重程度都是一样的,有些比其他的更糟糕,比如像2007年12月至2009年6月的那次大萧条。经济衰退可能发生在局部,但在今日的全球化世界中,各国的经济状况往往是相互关联的,经济衰退会慢慢跨越国界。

经济衰退时通常会出现国内生产总值(GDP)负增长和失业。像股票这样的资产的价格可能会被压低。随着裁员和减薪的发生,住房价格和房屋的可负担性可能会下降。对经济衰退的普遍定义是GDP至少连续两个季度出现负增长。尽管这是许多人认可的定义,而且也是交易员和经济学家所密切关注的,但美国国家经济研究局(NBER)指派了一个委员会,用各种输入量来确定经济衰退确切的开始日期和结束日期。在经济衰退发生之后,国家经济研究局将给经济的高峰和低谷标上明确的日期。

因此,很多人把目光转向GDP增长率,并把连续两个季度负增长的普遍规律作为经济的晴雨表。从图25中,我们可以看到用向下的条状图来表示的前几次衰退期间以及季度GDP增长率变化的百分比。

第 5 章 如果我们的投资组合遭遇横盘或者下跌会怎么样？
Chapter 5 What If We Go Sideways or Down?

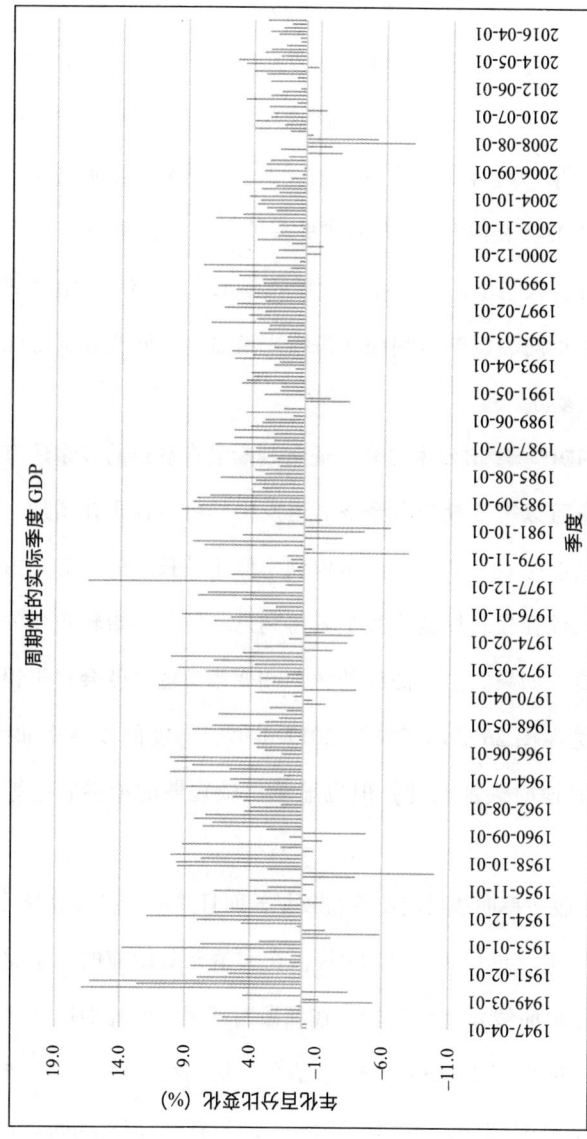

图 25 实际季度 GDP 年化变化率的百分比

资料来源：美国经济分析局和圣路易斯邦联储备银行。

从1979年底到2017年8月，我们经历了5次正式的经济衰退，其中有几次非常严重。虽然每个人都经历过那次住房市场的崩溃，而且2008年经济危机还深深地刻在投资者的脑海中，却没有多少人记得1991年的那次温和的衰退。你从来不会听到人们谈论"1991年的大衰退"，因为那次更多的是一个快速的V型下跌和回调。许多人指出，从实际工资增长率来看，2009年结束的上一次经济衰退对经济的影响还在持续。当然，在近期这也是比较温和的一次复苏。

除了GDP季度增长率之外，通常判断潜在衰退的线索还有利率曲线，它可以警示投资者经济衰退发生的可能性正在增加。正常的利率曲线是较短期的美国国债利率低于较长期的债券。由于大多数银行能在较长期的贷款上获得利息，但需要给较短期的贷款支付利息，如果收益率曲线的短期端变为负值，就会损害银行的借贷能力。图26显示了一条2017年第三季度的收益率曲线，虽然没有其他时候那么陡，但也显示出较短期的债券收益率降低了。

有时，收益率曲线反转出现得较早，而且并不一定预示着马上就会出现衰退。想想2005年12月，在大萧条开始前的几乎整整两年，收益率曲线发生了反转。在那段时间里，时任美联储主席艾伦·格林斯潘（Alan Greenspan）表示，短期利率上升，而10年期及更长期利率却保持不动，这是一个"谜"（CNN.Money.com，

第 5 章 如果我们的投资组合遭遇横盘或者下跌会怎么样?

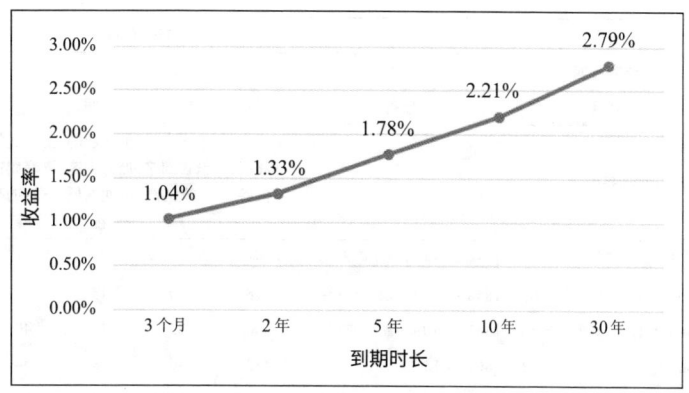

资料来源:彭博社。

图 26　2017 年第三季度美国国债收益率曲线

2005)。当时有一些"这次不一样"的说法,也有一些人对长期利率不变、短期利率走高不以为然,认为这是外国资金购买长期国债的结果(CNN.Money.com,2005)。最终,我们知道,经济衰退确实发生了。在过去 40 年发生过的经济衰退之前,这条曲线在某个时刻发生了反转。

当我们观察经济衰退及其发生、持续时间和严重性时,使用美国国家经济研究局发布的回顾数据一览表是很有帮助的。表 15 不仅向我们展示了衰退发生的日期,还展示了衰退的时长和扩张程度。

表 15　由国家经济研究局确定的历史衰退和复苏时间

经济周期参考日期		时长（月）			
高峰（季度标在括号中）	低谷	紧缩 高峰到低谷	扩张 上一次的低谷到这一次的高峰	周期 上一次的低谷到这一次的低谷	上一次的高峰到这一次的高峰
	1854 年 12 月（第四季度）	—	—	—	—
1857 年 6 月（第二季度）	1858 年 12 月（第四季度）	18	30	48	—
1860 年 10 月（第三季度）	1861 年 6 月（第三季度）	8	22	30	40
1865 年 4 月（第一季度）	1867 年 12 月（第一季度）	32	46	78	54
1869 年 6 月（第二季度）	1870 年 12 月（第四季度）	18	18	36	50
1873 年 10 月（第三季度）	1879 年 3 月（第一季度）	65	34	99	52
1882 年 3 月（第一季度）	1885 年 5 月（第二季度）	38	36	74	101
1887 年 3 月（第二季度）	1888 年 4 月（第一季度）	13	22	35	60
1890 年 7 月（第三季度）	1891 年 5 月（第二季度）	10	27	37	40
1893 年 1 月（第一季度）	1894 年 6 月（第二季度）	17	20	37	30
1895 年 12 月（第四季度）	1897 年 6 月（第二季度）	18	18	36	35
1899 年 6 月（第三季度）	1900 年 12 月（第四季度）	18	24	42	42
1902 年 9 月（第四季度）	1904 年 8 月（第三季度）	23	21	44	39
1907 年 5 月（第二季度）	1908 年 6 月（第二季度）	13	33	46	56
1910 年 1 月（第一季度）	1912 年 1 月（第四季度）	24	19	43	32
1913 年 1 月（第一季度）	1914 年 12 月（第四季度）	23	12	35	36
1918 年 8 月（第三季度）	1919 年 3 月（第一季度）	7	44	51	67
1920 年 1 月（第一季度）	1921 年 7 月（第三季度）	18	10	28	17
1923 年 5 月（第二季度）	1924 年 7 月（第三季度）	14	22	36	40
1926 年 10 月（第三季度）	1927 年 11 月（第四季度）	13	27	40	41
1929 年 8 月（第三季度）	1933 年 3 月（第一季度）	43	21	64	34
1937 年 5 月（第二季度）	1938 年 6 月（第二季度）	13	50	63	93
1945 年 2 月（第一季度）	1945 年 10 月（第四季度）	8	80	88	93
1948 年 11 月（第四季度）	1949 年 10 月（第四季度）	11	37	48	45
1953 年 7 月（第二季度）	1954 年 5 月（第二季度）	10	45	55	56
1957 年 8 月（第三季度）	1958 年 4 月（第二季度）	8	39	47	49

第 5 章 如果我们的投资组合遭遇横盘或者下跌会怎么样?
Chapter 5 What If We Go Sideways or Down?

(续表)

经济周期 参考日期		时长(月)			
高峰	低谷	紧缩	扩张	周期	
季度标在括号中		高峰到低谷	上一次的低谷到这一次的高峰	上一次的低谷到这一次的低谷	上一次的高峰到这一次的高峰
1960 年 4 月(第二季度)	1961 年 2 月(第一季度)	10	24	34	32
1969 年 12 月(第四季度)	1970 年 11 月(第四季度)	11	106	117	116
1973 年 11 月(第四季度)	1975 年 3 月(第一季度)	16	36	52	47
1980 年 1 月(第一季度)	1980 年 7 月(第三季度)	6	58	64	74
1981 年 7 月(第三季度)	1982 年 11 月(第四季度)	16	12	28	18
1990 年 7 月(第三季度)	1991 年 3 月(第一季度)	8	92	100	108
2001 年 3 月(第一季度)	2001 年 11 月(第四季度)	8	120	128	128
2007 年 12 月(第四季度)	2009 年 6 月(第二季度)	18	73	91	81

资料来源:美国国家经济研究局。

现在很多人都在谈论我们最近一次经济衰退后的恢复时长。截至 2017 年 6 月,它经历了 96 个月才得以恢复。历史上从之前的低谷到下一个高峰的最大纪录是 120 个月,那就是从 1991 年 3 月至 2001 年 3 月的十年恢复期。专家们自然会猜测和争论市场复苏期会持续多久。他们指出,市场要想追平历史纪录的话,复苏期需要持续到 2019 年 6 月,要想打破纪录,则需要持续到 2019 年 7 月。纪录是可以被打破的,因此,扩张(尽管力度较弱)处于后期阶段并不意味着它不能继续下去。但在某个时候,另一场经济衰退将会发生。你肯定会问,如果恰好在你的投资组合需要最大化和最大限度地保护资产时,市场下跌了一段时间,那该怎么办?退休前的

10~15年对于退休后能提取的收入意味着什么？想想本章前面提到的累计收益率接近零的时期，这对你账户中股票余额的变化意味着什么？

假设十多年来，市场的点对点的累计收益率接近零，也就是说，一个投资于标准普尔500指数ETF的投资组合获得的收益只有红利。如果我们假设股息高于目前的2%，这对投资组合以及它们在退休后用收入来弥补提款的能力来说意味着什么？如果发生经济衰退并伴随剧烈的市场调整和长期的熊市，我们该怎么办？重要的是，要考虑到投资者在现实生活中可能不会有很多年的时间来将市场不理想的时间段的低收益平均掉。

有时，市盈率被用来衡量市场是否被估值过高或过低。正如我们刚刚看到的，市盈率可能会变得很高，并在某些时段保持高位。人们对各种市盈率的10年期的远期平均年化收益率进行了研究。在图27中，我们可以看到有周期性调整的市盈率。灰色部分标出的是经济衰退期。

周期性市盈率提取标准普尔500指数成分的公司的收益，然后用通货膨胀率对前几年的数据进行调整，最后用10年间所有数据的平均值得出一个调整后的市盈率，有时会用5年的平均数据。正如你所看到的，股票比收益上升还快的最好的例子发生在2000年互联网泡沫时期。我试图把问题引向这一比率，因为CNBC和其他媒体总是提及它。

第 5 章 如果我们的投资组合遭遇横盘或者下跌会怎么样？
Chapter 5 What If We Go Sideways or Down?

资料来源：YCHARTS。

图 27　1968 年 8 月至 2017 年 8 月，标准普尔 500 指数周期性调整的市盈率

这涉及人们对市场时机的把握，但我不认为这在长期对个人投资者来说是有用的。仅市盈率变高并不代表企业的利润不能加速增长。此外，当利率较低时，未来收益价值变得更高。如果投资者在 20 世纪 90 年代中期持有现金，他们就会错过那 10 年中后 5 年的持续的牛市。现今，利率将股票的价值打乱了一些。但你想想看过去 10 年，如果计算市盈率时将 2008 年和 2009 年这比较艰难的两年包括进来，可以使得到的市盈率比不包括这两年计算出的结果更高。从另一个角度看，图 28 显示了季度的每股收益。

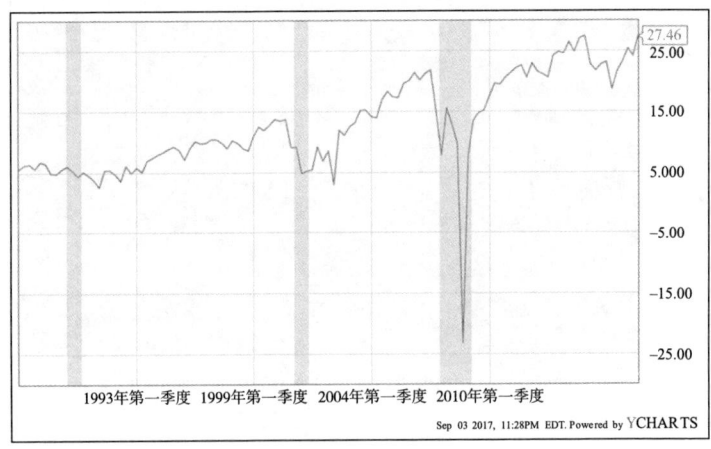

资料来源：YCHARTS。

图28 1988年第一季度至2017年第一季度，标准普尔500指数的季度每股收益（灰色部分为衰退期）

现实是，把握市场时机和猜测下一次经济衰退或低迷发生的时间是非常困难的。我们之前提到了在2015年12月发生的收益率曲线反转事件，但市场在两年后才见顶。股票可能会在很长一段时间内都有上涨的动力，错过了好的时机可能意味着错过了非常好的收益。那么，市场仅仅是一个低利率推动股票上涨的机制，这个说法对不对呢？人们经常提到估值较高的股票，但我们能从中推断出什么呢？首先，如果我们在接近一个周期的末尾处，某些市场无法产生更高的正实际收益率的可能性是否会增加？

我们在第2章中讨论过的一个问题是：利率是如何影响债券的，或者具体来说，是如何改变债券市场价值的。但利率也会对股票估

第 5 章 如果我们的投资组合遭遇横盘或者下跌会怎么样?
Chapter 5 What If We Go Sideways or Down?

值产生影响。多年来,沃伦·巴菲特(Warren Buffet)在散户和专业投资者心中是神话般的人物。在我还在主持线上广播或面对面谈话节目期间,观众总会提起所谓的"巴菲特指标",并讨论它是否对判断当前市场的情况有价值。时不时地,我会收到关于 2008 年之前时期的一些问题。所谓的"巴菲特指标"起源于巴菲特的一次演讲,后来《福布斯》杂志把它写成了一篇文章(Buffett, Loomis, 2001)。文章解释道,用所有股票的总市值之和除以国民生产总值(GNP)得到的结果可以作为一个估值指标。总市值之和实际上被分为非金融企业、公司股票和负债水平。市值除以 GNP 的百分比越高,市值被高估的程度就越大。在圣路易斯联邦储备银行可以找到这两组数据,在图 29 中,我们用这两组数据计算出过去的比率,并用百分比表示。

在 20 世纪 90 年代末的科技繁荣期,这一比率在 2000 年 1 月达到了 150%。在大萧条时期之前,其峰值为 109%。2017 年 1 月,它达到了 127%。监测这一比率的投资者的想法是,当它较低时,股票更有可能提供给投资者较高的收益率;而当它较高时,股票提供的收益率的可能性就下降了。它的计算过程和图表确实让人们对股票的估值有了一个概念。但我认为,单独使用这一工具的局限性之一是,没有考虑当前美国国债利率的影响。这篇参考文章(Buffet, Loomis, 2001)的确讨论了逐渐升高的利率会压低股票的估值,因为未来收益的贴现率变了。这是有道理的,因为当人们问起市场价

组合投资新思维
Broken Pie Chart

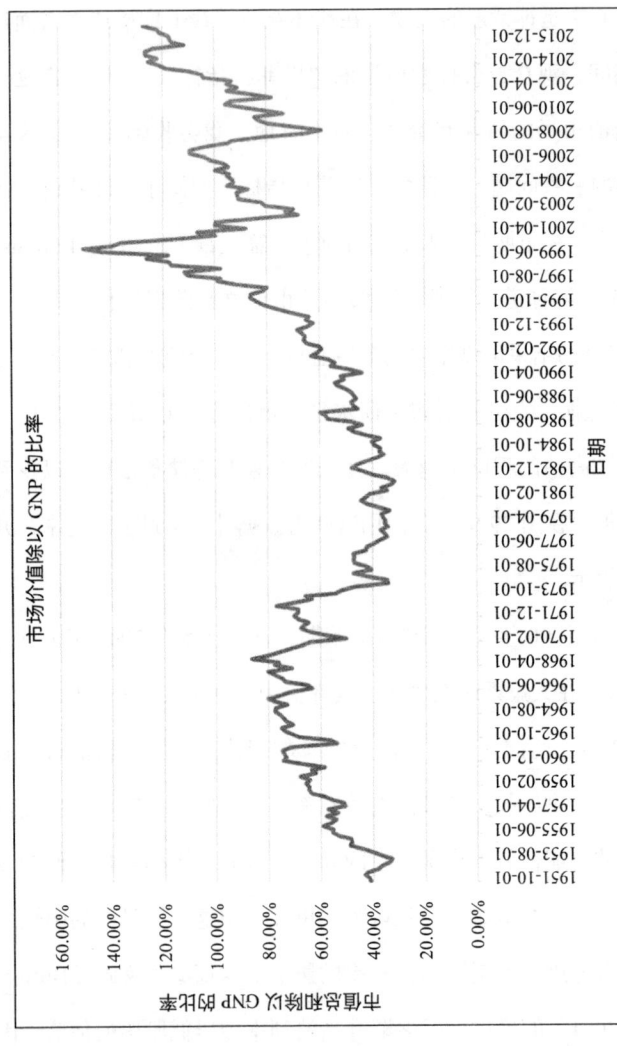

图 29 股票市值总和除以 GNP 的比率的历史数据

资料来源：圣路易斯联邦储备银行。

第 5 章 如果我们的投资组合遭遇横盘或者下跌会怎么样?
Chapter 5 What If We Go Sideways or Down?

值是否被高估时,极低利率的环境和正常的或者高利率的环境讨论的出发点完全不同。如果进入市场的买家多于卖家,市场可能会继续呈现增长势头。我知道这听起来很简单,但需求可以持续推动股票上涨或下跌,使其偏离人们所认为的估值。

需要考虑的是,在利率如此低的情况下,估值这么高是正常的吗?让我们进一步来解释。那些想要为股票估值的人会看看股票的自由现金流在哪里。股票的收入是按季度报告的,但定期研究公司的分析师会通过预测得出一家公司每个季度和每年可能的增长率。公司本身可以为投资者提供前瞻性指导。因此,你最终会得到基于某种类型的增长率的未来收益的估值。这就是我们要解释整个未来收益贴现过程的地方。那些上过经济学课程的人可能还记得,他们需要学习如何计算未来现金流的现值。根据不同的利率,一年后收到的金额不如今天的这个金额值钱。为什么?因为这个金额必须按某个利率折现。假设一年后收到的净现金流为 100000 美元,第二年年底将收到 110000 美元,第三年年底将收到 121000 美元。如果你刚刚在计算,你可能会注意到这些现金流在以 10% 的速度增长。那么,在不同利率的情况下,你需要将这些金额折现多少才能达到当前的净现值呢?图 30 展示了利率在 1% ~ 7% 的情况下的计算结果。

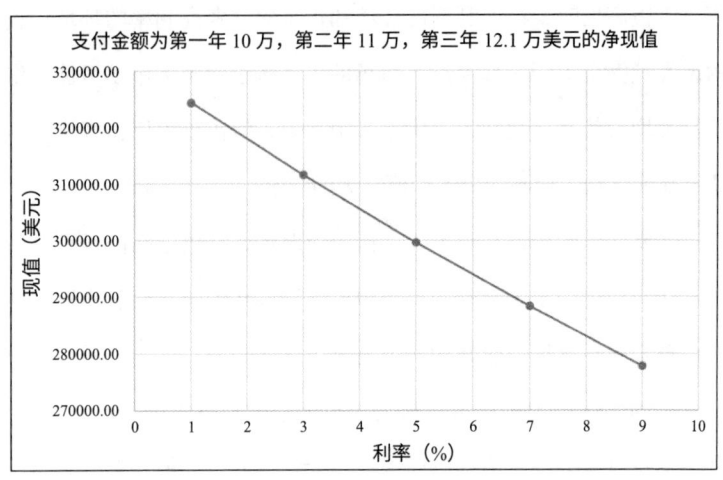

图30 按不同利率计算的三年的支付金额的净现值

目前,我们将不再深入更多经济学课程的内容。但解释折现这一点的价值在于,当你考虑股票的估值和未来收益时,利率会影响根据未来预期收益算出的股票当前的价值。如果利率走高,这些未来的收益今天看起来就没有那么值钱了,因此股票的估值就要被下调。这就是为什么在1981年利率达到峰值后,股市出现了一个令人难以置信的牛市行情。每一次利率被下调,股票的未来收益的现值就会随利率的下降而升高。我们现在的利率正处于历史最低点,这也就表示,利率不太可能再次大幅下降。

当然,利率可能会在一段时间内继续保持较低的水平,但未来收益的贴现值的增长不会再给估值带来像以前一样大的影响。股票总市值除以GNP的比率似乎变得比以前更高了,这一事实并不令人

第 5 章 如果我们的投资组合遭遇横盘或者下跌会怎么样?
Chapter 5 What If We Go Sideways or Down?

惊讶,因为利率变得较低了。以后会出现更多的经济增长和收入增长来重新调整这一比率。但当我们思考这轮牛市是否会一直持续下去时,以上都是需要考虑的因素。值得注意的是,本章并不鼓励你卖掉所有的产品,然后持有现金。相反地,你应该考虑一下你在自己的个人计划中所处的位置,找到可以带来与预期相当的收益的方法,并用它来进行投资准备。

对投资者来说,市场中的这些区间或时段可能出现上涨或者下跌。讨论的目的不是预测未来的经济和投资形势,而是让你思考:如果一系列不同的情况发生,你当前的投资组合会如何反应?即使当人们的预测是正确的,他们行为上的反应往往更早。事后来看,在房地产泡沫破裂之前的很长一段时间内,房价很明显地变得不稳定了,而且可以看出它确实存在泡沫。试图根据事件的时机来调整自己的投资组合是一场必输的战斗。不过不可否认的是,自 2009 年 6 月以来,我们一直处于一个扩张周期,同时利率也处于历史低位。尽管住宅市场要想重回之前的高点还有一段路要走,但是低利率为购买者提供了更多的购买力,并有助于恢复住宅的价格。在接下来的 10 年里,一个包含通货膨胀、利率增长和股票估值下降的时期不仅有可能伤害到投资者,也有可能伤害到房产所有者。在横盘整理的市场中依然能带来稳定收益的投资组合对投资者来说很重要,这关系到投资者能否在自己期望的年龄退休,能否有足够多的收入来维持自己想要的生活方式。

下一步

- 你有没有在市场无增长时和市场下行时获利的策略？
- 调整通货膨胀率后，你的固定收益类产品的实际收益为多少？
- 如果你的投资组合带来的实际收益为零或者为负，你的退休后收入将会受到什么影响？
- 你的投资组合中是否有可以同时提供资产增长和下行保护的策略？
- 如果你将经历一段较长的累计收益率接近零的时期，你需要怎么调整自己的退休目标？

第6章

这一次不一样？

当想到那句经典的话"这一次不一样"时，我们发现它经常被用来解释为什么有些事情不重要，而且我们已经处在一个新的模式中。还记得网络时代吗？那时有人争辩说，股票的收入变得不再重要了。评估这些新型股票的一个更好的方法是看页面浏览量和流量。在那个时代，我们看到公司的价格被炒到无法持续的水平。我们看到像Pets.com这样的公司，首次公开发行的同一年就倒闭了（uky.edu, N.D.）。你还记得它是卖袜子木偶的网上宠物店吗？说"这一次不一样"是解释和忽略常见的危险信号的一个方法。

美国联邦储备银行从来没有使利率在如此长的时间里保持在接近零的水平。世界各地的央行也从来没有把利率降至过负值。在全球化的经济中，各国都想保持其货币疲软。许多国家的债务与GDP的比值处于历史高位。随着央行大量印钞，通货膨胀率很有可能会大幅上升。在2017年第二季度，美联储表示将逐渐停止把资产负债表中到期证券的资金进行再投资。它还暗示，自己想要开始缩减资产，以达到缩减资产负债表的目的。这是前所未有的，所以投资界人士都想知道结果将会如何。

中央银行因宽松的货币政策而饱受批评。许多人认为，美联储将利率维持在低位，导致了泡沫的产生和之后不可避免的破裂。如此长时间保持低利率已经扭曲了个股的估值，迫使资金投向某些产品和项目，这些产品和项目在正常情况下无法满足投资者要求的收益率的门槛。不断增长的债务和利率上升的可能性威胁着市场。我们现在经历的时期是没有经济衰退发生的最长的时期之一，或者像一些人所说的，是自上次经济衰退后扩张最长的时期。所以，这一次不一样，但潜在的后果是什么呢？

6.1 政府债务的扩张

由于大萧条，世界各地政府的债务都在加速增长。但随着多年的赤字开支和成本增加，债务量一直在上升。大萧条时，不仅央行实施了政策，政府也实施了财政刺激政策。美国政府向经济注入了大约1万亿美元，其中包括企业救助（Blinder, Zandi, 2010）。从较高的角度来看，这种高债务水平可能是有问题的。首先，如果利率上升，偿还债务所需的利息支出将会增加，会更多地占据国家预算。其次，当债务水平占GDP的比重极高时，可能会拖慢经济增长。

有些人指出，当债务占GDP的比重为90%时（Furth, 2013），一个危险区域出现了，高于这一值后，GDP年增长率平均要降低1.3个百分点。他们进一步指出，随着债务占GDP的比重增加

（Furth，2013），从债务与 GDP 的比值是 90% 开始，每向上 10 个百分点，债务与 GDP 的比值每增加的一个百分点就会将 GDP 增长削减 0.16%。

图 31 可以帮助我们理解美国的债务占 GDP 的比重，它显示了在大萧条之后，这个比例正接近自二战以来从未见过的水平。这很重要，因为如果债务继续增加，可能会使经济增长停滞。如果利率走高，政府不得将年度预算中的更大部分用来支付利息。从财政政策的角度来看，这可能会分走基础设施等其他项目的资金。美国联邦年度预算支出表面上看包括强制性支出、可自由支配支出，以及对联邦债务的净利息支出。很明显，如果债务持续增加且利率升高，再增加债务就会引发很大问题。

资料来源：圣路易斯美国联邦储备银行和美国行政管理和预算局。

图 31　1970 年 1 月至 2017 年 1 月，公众持有的联邦债务占 GDP 的比重

美国政府每年为未偿债务支付的利息包括各时长的美国国债、系列债务凭证、储蓄债券、政府账户系列，以及州和地方政府系列。在图32中，我们可以看到自1988年以来政府支出的利息（以美元计）。

这里面不包括类似通胀保值债券（TIPS）的债券。现在，债务的数量继续逐年增加，但有趣的是，较低的平均利率实际上可以使政府受益，因为政府支付的利息少了。我们也可以从图33中看到美国国债近期的2年期平均利率。

同样地，这里面不包括通胀保值债券。由于利率走低，债务数量持续增加，美国政府得以从中获益，因为其支付的债务利息比利率正常时需要支付的利息少了。由于财政债务在短期内似乎不会被削减，那么如果利率大幅上升，政府将面临一个风险——债务需要支付的金额会大幅上升。债务量过高这个问题并不是美国独有的，世界各国的债务占GDP的比例都在增长。

强制性支出包括社会保障和医疗保险等项目。据美国行政管理和预算局估计（OMB，2017），它们所需的联邦预算占比将持续增加。关于如何应对这种情况的争论可以留给其他人考虑，现在你只需要明白，如果事情继续沿着目前的轨迹发展，不断升高的债务水平可能会给经济增长带来压力。

另一件要考虑的事情是，如果另一场经济放缓或者严重的经济衰退发生，那么美国和世界其他国家的政府赤字将受到怎样的影

第6章 这一次不一样？

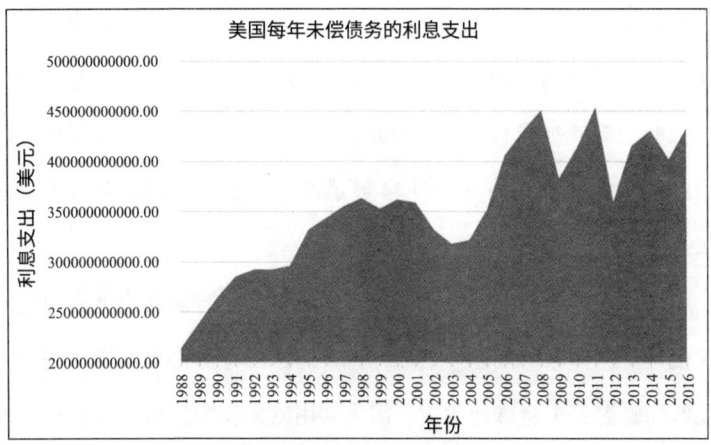

资料来源：Treasury Direct 网站。

图 32　未偿债务的利息支出

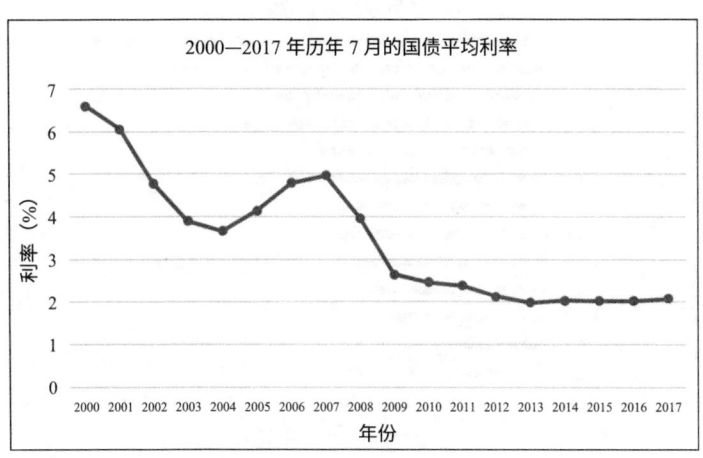

资料来源：Treasury Direct 网站。

图 33　美国国债的平均利率

响？如果采取进一步增加赤字的经济刺激措施，我们是否会看到非常高的债务与 GDP 之比？是否会看到大量的印钞导致通货膨胀率大幅上升？如果你看看全球的债务与 GDP 之比，会发现很多国家的债务水平都在升高。图 34 显示许多发达国家的债务水平都在增长。

当你把世界各国债务水平交叉对比时，很容易看出债务问题不仅仅是一个国家的问题。当然，每个国家的债务都有细微差别。欧元区面临着一个特殊的挑战，因为共用欧元作为货币可以阻止各国为了偿还债务而印钞或者使其货币贬值。特别是希腊，多年来一直是新闻报道的焦点，该国总是需要依靠救助来偿还债务。很明显，

资料来源：CIA《世界概况》。

图 34 各国大概的公共债务占 GDP 的比重

如果再发生一场金融危机，债务水平会升高得更快。那什么会改变它们的方向呢？其一，增长。如果经济以更快的速度扩张和增长，并为政府带来额外的收入，这将是一件好事。但即使增长更快，它仍必须超过支出才能真正减少赤字。另外，要降低债务每年的增长量和总债务水平，政府需要长期有足够的预算盈余。

6.2 美国州和市政的债务

美国的另一个问题是各州的预算和公共养老金债务。一般来说，养老金支付其未来债务的能力取决于在职职工人数、市和州的出资，以及每年的投资收益。低利率环境带来的挑战之一是，养老基金再也无法获得固定收益类产品的预期低风险和历史预期收益率了。许多州的养老基金将不得不寻找一些另类投资产品，来替代它们一直在使用的产品。其他州则要降低年度预期投资收益率。

虽然无法得到所有州的近期数据，但研究表明，一些州的融资比率相当低。其中包括新泽西州和伊利诺伊州，截至2015年底，新泽西州只有37.5%的债务得到了资金支持，而伊利诺伊州只有40.8%（Meisler，2017）。这实际上意味着，以新泽西州为例，它所持有的资金只占养老金债务的37.5%。养老金的这种状况是一个值得关注的问题。美联储在如此长的时间内将利率维持在如此低的水平对养老基金必然有伤害，因为许多基金可能因被迫追逐收益而面临更高的风险。随着更多的养老基金增加股票投资，另一次金融下调或衰退将给融资水平带来额外的压力。

大萧条结束后不久，梅雷迪思·惠特尼（Meredith Whitney），一位因看跌花旗集团而出名的分析师在电视节目《60分钟》（*60 Minutes*）中谈到了市政债券市场及其潜在问题。她的话至今仍被人津津乐道。一些人嘲笑她，因为她预言"明年将发生价值数千亿美元的50～100起违约事件"（McDonald，2013）。这种情况并没有发生，但却被阐述为：违约从未发生。

但惠特尼是错了，还是仅仅说得太早了？在过去的几年里，我们看到了底特律、密歇根和波多黎各的违约事件。市政债券市场的情况比较复杂，因为与普通税收收入挂钩的普通债务债权和与特定项目收入挂钩的债券之间是有差别的。但伊利诺伊州等地日益严重的养老金问题使它成为一个值得被关注的领域。

6.3 中央银行的资产负债表

美联储做的这场巨大的实验似乎终将揭开谜底。解谜的速度有多快或是否会成功仍有待观察。我们所知道的是，为了缓解金融危机和房地产泡沫的破裂，美联储将利率降至基本为零。在图35中，我们可以看到实际联邦基金利率的长期变化。

利率持续走低的时长比许多人预期的要久。还记得吗？利率的下降意味着债券价格的上升。正如我们之前在第2章中所发现的，从1981年利率最高时到2016年的35年间，利率从最高点逐渐下

第6章 这一次不一样？
Chapter 6 This Time Is Different?

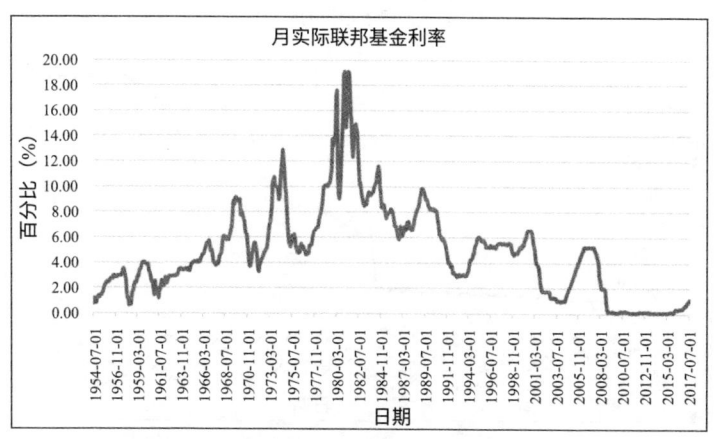

资料来源：美国联邦储备系统理事会和圣路易斯联邦储备银行。
图35　1955—2017年7月的月实际联邦基金利率

降，给投资者带来了巨大的牛市。这种缘于利率下跌的债券市场价值上涨和收益率上升，以后可能不会再出现了，因为考虑到现在的利率，可能要跌到负值才能产生同样的效果。在典型的衰退周期中，美联储和欧盟等其他的央行只会降低利率。但在大萧条时期，它们还使用了包括量化宽松在内的其他策略，包括购买抵押支持证券和美国国债。这也导致了美联储资产负债表的增大。事实上，通过图36，我们可以看到资产负债表从8000亿美元增加到2008年后的44000亿美元。之后，美联储持续使用货币政策来增大自己的资产负债表，其中也包括从2012年底到2014年底这段数值较高的时期。

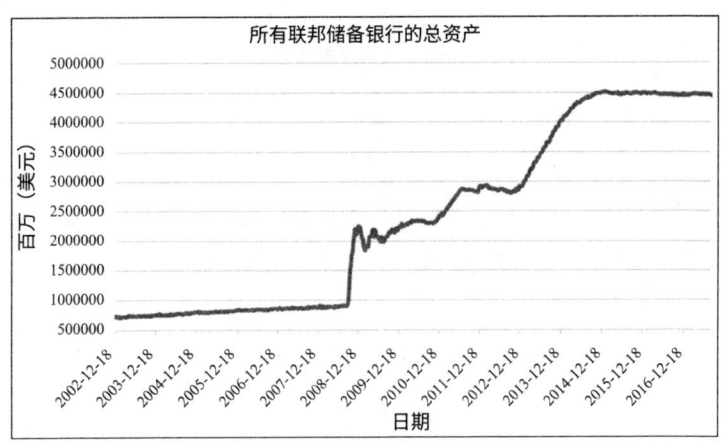

资料来源：美国联邦储备系统理事会和圣路易斯联邦储备银行。

图36　2003年8月至2017年8月，所有联邦储备银行的总资产

截至2017年8月初，资产负债表持有约1.7万亿美元的抵押支持证券，略高于2.4万亿美元的不同时长的美国国债（Federal Reserve，2017）。随着债券不断到期，美联储会把到期的本金投入其他证券。通过减少资产，它可以持有证券至到期，且不再投资于其他债券。它也可以在公开市场上出售债券。有趣的是美联储如何控制利率—收益曲线。当它试图缩减资产负债表时，它将从多长久期的债券下手呢？为了了解在2017年8月初资产负债表中美联储主要持有哪些美国国债证券，我们可以看图37，该图概述了各到期日的资金集中程度。

不仅仅美联储做了这个增表实验。2017年6月，日本银行（BOJ）的资产负债表达到500万亿日元，创下历史新高。它持续

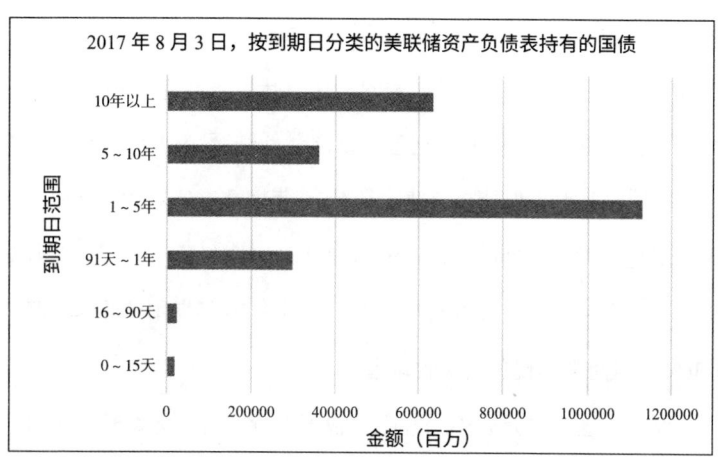

资料来源：美联储。

图37 2017年8月美联储资产负债表内美国国债到期日的集中程度

收购政府债券，反复地试图将通货膨胀率提高到2%。当然，欧洲央行仍在实施其债券购买计划。2017年7月，欧洲央行的资产负债表上的持有资产超过了4.2万亿欧元。虽然美联储已经表示愿意缩减资产负债表，后面两家央行都还没有表示要结束它们的宽松计划。

所有这些央行的干预计划的效果是，全球各地的债券收益率都处于历史最低水平。很难理解为什么债券收益率会变得这么低。我们看到某些国家的名义利率和实际利率均为负值。记得吗，名义利率就是某一特定久期的债券的利率。实际利率是用名义利率减去通货膨胀率得到的。例如，如果一只债券每年付3%的利息，但某年的通货膨胀率是2%，那我们就说投资者的实际利率为1%。对于许多国家来说，10年期政府债券的变化最惊人。瑞士的10年期政府债券利率一度跌至 –0.63%。是的，这意味着在理论上购买这些债券，你将再支付10年的年利息。德国最低跌至 –0.19%，且较短期的政府债券利率也保持在负值。日本10年期政府债券的名义收益率最近恢复为正，但最低也跌到过 –0.29%。日本经历了多年的低收益率，有几十年一直在努力恢复经济。美国的10年期国债收益率降至1.36%，但尚未出现负名义收益率。

那么，这一次是否不一样呢？各国央行的行为无疑暗示了这一点。结果会不好吗？这个问题没有答案。如果缩减资产和停止宽松政策能让市场利率回到一个正常的范围内，那太好了。但人们担心，央行缩减头寸可能会给固定收益市场和股票市场都带来动荡。随着拥挤的仓位慢慢被缩减，将会出现流动性问题。随着利率飙升，债券投资组合将遭受市值损失。股票的未来收益将以更高的利率进行贴现，贴现值会下降，这也会影响股票的估值。

6.4 通货膨胀率还没有上升

问题是，尽管采取了所有这些宽松的货币政策，通货膨胀率仍未恢复正常，没有达到大多数国家的目标：2%的年增长率。正如我们之前看到的，市场也可以通过供求关系来决定资产价格的增减。至于政府债券，欧洲和亚洲许多地区的低利率增加了投资者对美国国债的兴趣，外国买家一直在购买美国国债。可能随着量化宽松政

第6章 这一次不一样?
Chapter 6 This Time Is Different?

策逐渐缩减资产负债表,利率不会飙升。或许这些政策会调节收益率曲线,以确保企业银行机构能够继续放贷。

当谈到通货膨胀率,也许20世纪七八十年代初的表现只是反常现象,不会在发达国家重演?我们从第2章英格兰银行的历史利率中了解到,除了那段通货膨胀率很高的时期,利率通常在3%~5%的范围内,而不是15%。如果我们看一下美国除食品和能源外的核心通货膨胀率,我们可以从图38中看到,在尖峰时期之后,它一直在振荡走低。

技术也许正带领我们进入一个效率提高和价格降低的时代。因为出现了像优步(Uber)和来福车(Lyft)这样的拼车服务,而且

资料来源:圣路易斯联邦储备银行和亚特兰大联邦储备银行。

图38 月度美国年化消费者物价指数(CPI)

它们的价格比传统出租车要低，乘客近些年的乘车成本大幅下降了。想想你曾花了多少钱买一台平板电视。现在去任何一家沃尔玛，你都能以比以前便宜很多的价格买到它。近年来，受竞争的驱动，手机无线话费套餐价格也呈逐渐下降的趋势。事实上，2017年4月，美国的无线话费套餐成本同比下降了12.9%（WSJ.COM，2017）。同年6月，美国年度CPI下降了，而超过一半的降幅是由下降的套餐价格和美国劳动统计局给出的其他因素（如无限流量套餐）贡献的（WSJ.COM，2017）。

虽然很多东西比以前便宜了，但更"不稳定"的食品和能源部分的价格可能会因各种原因而浮动。如果一个人的年度支出主要在食品和能源上，那么手机套餐价格的减小可能只会带来很小的附带好处。众所周知，医疗费用的通货膨胀率一直比其他行业高。随着个人年龄的增长，更多的费用被花费到医疗保健上。

虽然预测未来的经济环境和市场可能是很困难的，或者说精准预测是很困难的，但是对投资组合进行定位，使其在不同的市场条件下都能带来收益，同时将风险最小化，对投资者来说是很重要的。我们知道，如果同时出现通货膨胀和利率飙升，市场的各个领域都将面临压力。然而，即使我们再经历一个增长缓慢的、通货膨胀率上下波动的、利率较低的10年，仅持有和过去一样的股票和债券的组合可能无法为投资者带来所需的增长。低利率意味着低的债券票息支付。

6.5 货币和利率

随着市场全球化程度的提高，世界各地的经济比以往任何时候都更加密切相关，利率面临的压力会持续存在。其原因是，国家之间的货币估值通常是由利率决定的。2016 年美国总统大选后，美元指数飙升，因为许多人认为，基础设施建设支出和减税政策会刺激增长和通货膨胀，从而导致美联储以比之前预计的更快的速度加息。

机构资金过去常常使用所谓的利差交易来从利率差中获益。利差交易本质上是借入一种低息货币，然后用借出的钱再买入另一种高收益货币。货币是成对交易的，因此欧元对美元会被显示为 EUR/USD，它代表购买一欧元需要多少美元。随着欧元走强，货币对的价值走高，以反映汇率变化；反之亦然。通常，相对于利率预期不会上升的国家，利率上升或预期会上升的国家将获得收益。如果一家机构持有收益率较高的货币并获得利息，同时出售收益率较低的货币并支付利息，利差则为正。该机构将从该对交易中获得净利息。随着货币对走高或走低，它可能赚钱也可能赔钱。

比较著名的利差交易之一是日元对新西兰元。这种交易通常被称为 KIWI/YEN 利差交易。它卖出日元（支付的利息几乎为零）并买入新西兰元（支付的利息很高）。这种交易的行情一直在上涨，直到金融危机爆发前，人们预测各国可能会降低利率，进而导致利率差降低。那么，为什么我们还要讨论货币和利差交易呢？

各国都希望保持本国货币疲软，以使本国出口产品更具吸引力，并有助于跨国公司。这可能会使各国的利率保持在较低的水平，除非所有国家统一调高利率。通货膨胀可能会使个别国家，或对于欧洲来说，使欧元区调高利率，但低利率可能还会持续很长时间。特别是考虑到如果各国央行开始大举加息，所有这些累积的债务需要支付的净利息额将上升多少。将利率保持在低点以避免借贷成本的增加，似乎变成了一种政治意愿。

6.6 低利率是否扭曲了消费市场？

当一个家庭决定买房时，从金钱或预算的角度来看，该决定大部分取决于月还款额。同样是 40 万美元的房子，抵押贷款利率为 3.5% 时的月还款额比 5.5% 时更低。从这个角度来看，房地产市场是一个值得关注的市场，因为实际工资的增长需要弥补因利率上升而减少的购买力。另一个热门消费市场则是新车和二手车市场。低利率产生了两个影响。首先，它使消费者能够负担更贵的汽车了，因为融资利率比历史平均要低。其次，它还使汽车向更高端的方向发展，如果没有低利率，许多人可能不会要求某些功能。图 39 说明了新车融资的平均值。

另一件真正有趣的事情是，汽车贷款的期限似乎越来越长。换句话说，贷款金额变得越来越高，期限变得越来越长。截至 2017 年

资料来源：美国联邦储备系统理事会和圣路易斯联邦储备银行。

图 39 信贷公司提供的新车平均融资金额

5月，平均到期时长是几近68个月，也就是大概5年半多。这个趋势某天应该会停止，因为汽车是贬值资产。如果贷款被延长到很长的时间，贬值会使汽车相对于剩余贷款额的价值越来越低。甚至在这个周末，我还在收音机里听到了72个月的融资广告。图40显示了通过信贷公司发放的贷款的加权平均到期时长。

我正在关注着这一块的市场，因为对于新车和二手车市场来说，利率上升会带来什么影响还不清楚。除了房子和汽车，低利率会扭曲某些项目的现在价值，这些项目在利率正常时可能不会获得批准。虽然已经有一段时间没有出现过经济衰退了，但总有一天它会出现。我们不知道它的影响将有多深刻，时间将有多长。我们可以从图41中看到最近几次的经济衰退和它们的时长。

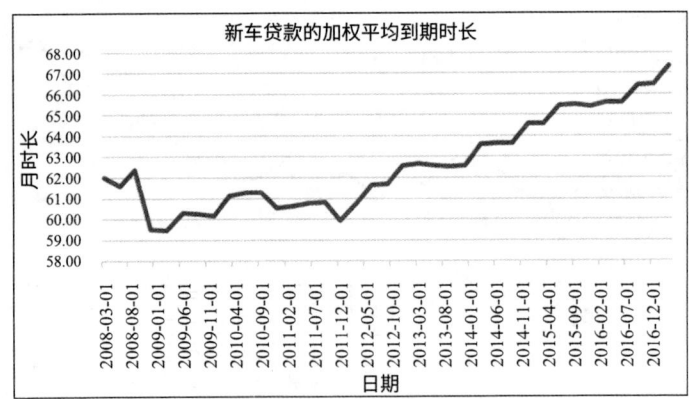

资料来源：美国联邦储备系统理事会和圣路易斯联邦储备银行。

图 40 美国的信贷公司提供的贷款的加权平均到期时长

资料来源：圣路易斯联邦储备银行。

图 41 自 1967 年以来美国发生过的经济衰退（基于 GDP 的衰退的概率）

第 6 章 这一次不一样？
Chapter 6 This Time Is Different?

这张图显示了自 1967 年 10 月以来美国发生的经济衰退的频率和持续时间。需要说明的是，我并不是希望经济衰退发生，只是说，在某个时候，我们肯定会再经历一次经济衰退，而且通常此时股市和债券市场都会出现一些波动。如果利率上升，债券类产品可能会经历一次衰退事件，因为债券市场的价值会受到冲击，特别是长期债券。

我们要记住的核心前提是，大萧条后低利率保持的时间比任何人想象的都要长。我们现在期待美联储能够成功地、顺利地缩减其庞大的资产负债表。虽然欧盟还没有表示要缩表，但它们与日本和美国的资产负债表都处于创纪录的水平。这一切的后果尚不得而知。对投资者来说，这并不意味着停止为退休积累财富。新的技术和策略可能比以往任何时候都更适合投资者。从长远来看，市场能够产生收益，但时不时地还会出现艰难的时期。

这并不是说我在预测会出现一个像 2008 年那样的深度衰退。实际上，自上一次经济衰退以来，人们似乎一直在寻找新的方法，来预测下一次的经济衰退。我们可能还会有一段较长的增长期。也许之前提过的方法都会奏效，我们终将迎来一个温和的经济，有温和的通货膨胀、稳定的工资和 GDP 增长。指出所有这些债务问题的原因是，之前没人提过，如果出现另一场衰退或危机，继续使用量化宽松或财政刺激政策的话，债务水平会升到多高？

问题是，当涉及投资组合时，拥有不单纯依赖于牛市来保护资产价值的产品不是很好吗？不需要把握市场时机，而是使用一些具有内嵌保护的策略，不是更好吗？

下一步

- 回顾你现在的投资组合，看看它在像之前的经济衰退时期是如何顶住压力的。
- 如果经济衰退又发生了，你该如何正确投资另类投资产品和做对冲？
- 看看一只你可能拥有的股票和它的未来收入预测，想一下如果利率上升，你要如何贴现未来收入。
- 如果经济情况变差，写一下你要做些什么来减小风险和创造正实际收益率。

第 7 章

为什么收益的顺序很重要？

当我们考虑人们如何达到他们预期的投资水平时，我们需要几个输入值。有些是可控的，有些则不可控。从最开始的累积阶段一直到分配阶段结束，主要的输入值包括：

- 出资
- 通货膨胀
- 投资收益
- 投资收益的顺序
- 社保金和养老金
- 赋税
- 提款 / 花费
- 退休前的时长
- 预期寿命

那么，我有足够的钱吗？根据我目前的年龄或距退休的年限，我账户中的余额是否达到了我该达到的水平？这些是财务顾问最常被问到的问题。你可能已经看过或用过某个线上退休计算器了。它看起来像魔术，但实际上只是把所有这些值输入，然后计算退休前资产增长的时长和速度，以及退休后资产下降的时长和速度。它可能会问你的工资是多少，并假设工资在未来会以某个速度随着通货膨胀率增长而增长。虽然自2008年大萧条以来，实际工资并没有真正增长。我们稍后再详细解释这一点。通过了解每个输入值是如何计算的，你可以开始揭秘退休投资计算的过程。

线上退休计算器可能会问，你每年能存多少工资并将其注入投资账户。它会预估未来的年通货膨胀率，并用估计值来确定你的收入每年需要增加多少才能支付开支。税收会影响非合格（应税）账户的收益。纳税等级越高，投资者能保留的部分就越少。在随后的提款阶段或所需的最低分配（RMD）阶段，税率会影响投资者的净提款额。

虽然许多年轻雇员对社保金的未来有疑虑，但它可以与养老金一起满足退休人员的收入需求。在分配阶段（投资者需要定期支取生活费），通货膨胀、年投资收益和支出之间存在一个平衡。

投资者每年能存多少钱很重要，这似乎是一个很明显的事情。那么，告诉你一些你不知道的事，好吗？你可能很清楚，一个人开始为养老做准备的年龄越早越好。尽早开始并持续投资可以使整个过程变得更加容易。其中一个主要原因是，对于投资收益来说，复利为账户增加资金的力量会更强。另一个重要方面是，它使人们的投资风格变得更积极。原因是定期把工资放入投资账户可以帮助投资者弥补一些损失。正如我们将看到的，即将退休的人无法超越那

第 7 章 为什么收益的顺序很重要?
Chapter 7 Why Sequence of Returns Matter?

些能继续从工资中拿钱投入账户的人。

对许多人来说，令人惊讶的一件事是，与投资储蓄和累计收益率相比，收入水平对个人在退休后过上他们想要的生活方式的影响并不大。原因是，一个年收入 50 万美元的人，如果没有任何有形资产，也没有定期持续存钱，他的境况可能比一个年收入 5 万美元、但每年定期把其中的 15% 放入投资账户中的人更糟。这里的投资账户可能包括应税资金、退休账户或由公司赞助的 401k 计划。那些挣得很多但没有存款的人，在退休后只能依靠比工作时少很多的收入过活，生活会变得很艰难。

几年前，我在本地的一个公共高尔夫球场上，跟随一位名叫扎克的职业高尔夫球手学球。我有时能把高尔夫球开出 350 码。和不熟悉高尔夫的人解释一下，这对于业余休闲玩家来说是一个很长的距离。在我们的第一节课上，他看着我用不同的球杆打出了各种距离。他看着我推杆进球，然后在场地上做了几次短杆切球。虽然我可以把球打得很远（尽管并不总是能打直），但我其他的技术还有待提高。扎克在我们第一节课快结束时说，你能把球打多远、你打得有多准，与你一轮比赛的总得分没有多大关系。你的得分更多地取决于你在场地上的表现。

单纯的高收入并不能保证什么。但当然，一个人退休前的收入越高，他可用于储蓄的资金就越多。50 万美元的 1% 仍比 5 万美元的 1% 高。关键是，在前进的道路上采取正确的步骤可以帮助你实现目标中的退休生活方式。

"我的钱会够吗"这个问题有点太宽泛了。实际上，这取决于你退休后需要多少收入。2007年，我在加州比弗利山庄的一个演讲期间，观众中有人提出了这个问题。我还没来得及回答，活跃的观众就开始抛出各种想法。一些人认为，到40岁的时候，你的薪水应该是现在的5倍。还有人说是100万美元。另一些人说，退休后所需的收入应该是工资的75%。如果这个值等于8万美元，那么你需要200万美元，因为这是每个人都知道的4%准则。这是一个经常被提起的准则：在提款阶段，每年提取4%的投资是合理的，这样可以支撑投资者度过退休阶段。在债券收益率和利率极低的情况下，如果使用传统的投资方法，那这个准则有点问题。

观众答案的范围和幅度显示了散户投资者认为的所需收入差别有多大。我最喜欢的答案出现在讨论快结束的时候，一位绅士大喊了出来："你想拥有5辆自己的跑车，还是成为一个在巴西的海滩上露营的冲浪教练？"不过，他没有说错。每年所需的收入在很大程度上是与生活方式相关的。这是可以控制并且可以除掉通货膨胀率的，但它也凸显了投资收益的重要性。退休前的收益率可以决定可能的收入水平。退休后的收益率可以决定收入能够维持多久。收益的顺序可能意味着实现投资者想要的生活方式和他们是否能够维持它之间的差异。

在我们介绍收益的顺序如何影响增长和收入之前，让我们先看

第 7 章 为什么收益的顺序很重要？
Chapter 7 Why Sequence of Returns Matter?

几个例子，看看不同的输入值如何结合在一起，以了解你是否能在自己的投资生涯中完成一个成功的生命周期。在看这些例子时，让我们把注意力集中于投资余额是如何随着时间变化的，以及它们能否使资产在退休后得以维持。

你可能会注意到，许多线上退休计算器都说你只需要赚钱赚到一定的年龄。让我们面对现实吧，估计自己确切的寿命一半是靠一厢情愿，一半是靠科学。既有好消息也有坏消息。好消息是预期寿命变长了。坏消息是，与以前相比，资产需要维持更长的时间，需要产生收入更久。对一些人来说，他们不仅要确保钱够用，还希望能剩下一部分钱将其作为遗产传给后代。图 42 显示了美国各出生年份的人的平均预期寿命。

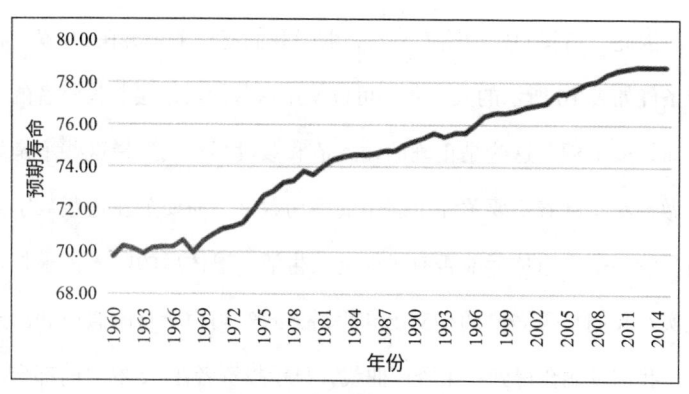

资料来源：圣路易斯联邦储备银行和世界银行。

图 42 美国 1960—2015 年出生的人的预期寿命

如果不出意外的话，你应该看到这条线是向上倾斜的，这表明人们幸运地活得更久了。然而，这也表明人们退休后，他们之前积累的资产需要在更长的时间内产生收入。这也印证了一个观点，即投资需要比以前增长得更快。按照传统的资产配置方式，过早将太多资金投入债券可能会带来额外的长寿风险（你的寿命超过你的资产的持续时间）。大量未对冲的股票头寸也会带来额外风险。因此，使用另类投资产品变得非常重要。但长寿风险依然是个问题。比较困难的是，需要在你的线上规划工具中输入多大的年龄，以根据假设评估资产是否充足。为了说明这个问题，我们将用85岁作为预期寿命。一个人活得越久，资产需要持续的时间越长，投资者在退休前和退休后需要的正投入就越多。那些想要把财产留给继承人的人应该延长他们的预期寿命。

因此，当我们处理输入值时，假设我们有一个年龄在50岁，各项条件如表16所示的人。我们可以使用这些假设来绘制投资者的资产曲线或余额。这些是正确的输入值和假设吗？我选择这些不是为了做预测。试着不要关注上表中的确切数字，而要关注这些数字如何影响一个人退休后能否有足够的钱生活。退休后的收入需求是否现实？我们是否需要调整支出和生活方式？利用所有的假设和出发点，我们可能会得到一条资产曲线，显示投资者在82岁之前都会拥有资产。在图43中，你会注意到资产曲线一直在向上和向右移动，直到退休后资金支取开始时。

第 7 章 为什么收益的顺序很重要?
Chapter 7 Why Sequence of Returns Matter?

表 16 退休计算器的假设

当前年龄	50 岁
预计退休年龄	65 岁
预期寿命	85 岁
当期投资余额	100000 美元
当期工资	100000 美元
薪资储蓄投资的年百分比	15%
退休前年投资收益率	7%
退休后年投资收益率	6%
通货膨胀率	2.5%
退休前年薪增长率	1%
65 岁后年社保金福利	18000 美元
退休后第一年所需退休前年薪的百分比	65%

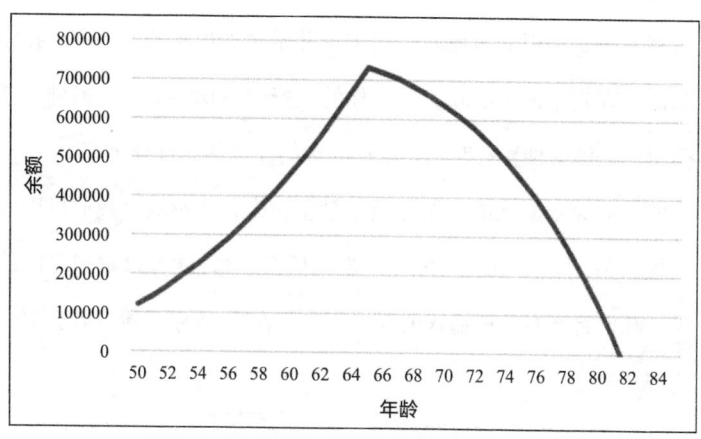

图 43 基于表 16 中假设的资产余额曲线样本

现在所有的输入值都会影响资产余额曲线。你还要知道，这些只是投资，其中不包括硬资产，如购买房产。每一个输入值的调整都会带来不同的结果。如果我们降低预期通货膨胀率，那么资产持续的时间会更久或到投资者寿命更高的时候。如果我们增加退休前或退休后的收益率，那么它将对曲线产生正的影响。我们可以减少提款，每年不要提取那么多钱。我们还可以储蓄更多的钱吗？每个部分的变化对余额的影响有多大呢？

7.1 储蓄

可以理解的是，你可能会看到那个每年储蓄工资的15%的例子，然后说这是不可行的。令人惊讶的是，当你想象一下，有些人能够用税前资金为401k计划注资，这看起来就变得更容易实现了。这也就意味着你因储蓄而减少的工资并不像你想象的那么多。扣除税款后，存起来的15000美元在你的工资中占比会更少。另外，通常公司会提供某种注资匹配，以提高你的注资的总百分比。

要了解改变退休前每年的储蓄量会带来什么影响，我们可以将它的输入值调低至10%，再进一步调低至5%，就可以看到可能的效果。我们将所有其他输入值保持不变。在图44中，投资者会更快地将资产耗尽。

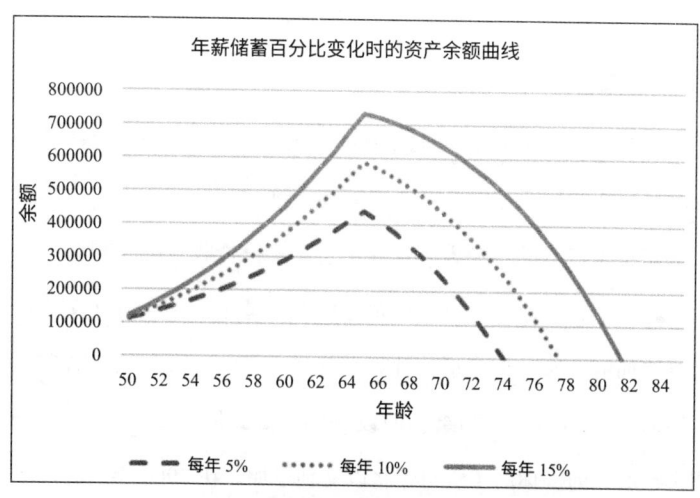

图 44　不同的年投资储蓄量的资产余额曲线对比

保持表 16 中的其他内容不变，仅将退休前的年薪储蓄百分比分别降至 10% 和 5%，就改变了资产曲线。当每年只储蓄工资的 5% 时，投资者会在 75 岁的时候把钱花光。储蓄 10% 时，他们的资产会在 80 岁用完。即使在 65 岁退休时，15% 和 5% 的资产量之差也有 293934 美元，这意味着如果该投资者储蓄 15%，他们在 65 岁时资产会多 66%。有时我们会有一次性的计划外开支。在 2008 年经济大萧条期间和之后，许多失去工作或只能找到薪水更少的工作的人不仅会停止储蓄，还会从账户中取钱。我们讨论的关键在于，增加储蓄可以对财富的积累产生巨大的积极影响。

7.2 通货膨胀率

在 20 世纪 70 年代末达到顶峰后，通货膨胀率一直在稳步下降。我们在第 2 章关于债券的讨论中阐述了这一时期的历史本质。通货膨胀率对投资者的重要性不仅在于它影响投资收益率和利率，而且它也影响工资的增长速度，以及退休人员每年用于支付开支的收入需要增加的金额。许多退休计算器都将工资的增长和收入需求联系在一起。换句话说，如果你假设每年通货膨胀以 2% 的速度增长，那么在退休前，你的工资每年将以复利增加。在 2000 年后的缓慢增长期发生之前，这还是一个相当安全的预期。然而，工资水平实际上可能无法跟上通货膨胀的步伐。如图 45 所示，自 1998 年以来，工资增长率的 3 个月的移动平均值一直保持不变或下降。

事实上，我们还没有恢复到 2008 年衰退前的增长率。在我们的退休计算器中，我们假设年增长率为 1%。但是记住，重点不在于薪水有多高，而在于你能存多少钱。但实际情况是，按 15% 的年注资率计算，10 万美元的工资每增加 1%，每年只能多储蓄 150 美元。

然而，通货膨胀率真正重要的地方是决定退休后人们需要多少收入，也就是账户的分配。图 46 显示了不同通货膨胀率下，退休后所需收入的变化。

第 7 章 为什么收益的顺序很重要?
Chapter 7 Why Sequence of Returns Matter?

资料来源：现有人口调查，劳动统计局和作者的计算（亚特兰大联邦储备银行）。

图 45　亚特兰大联邦储备银行记录的薪资增长率中值的追踪器的 3 个月移动平均值

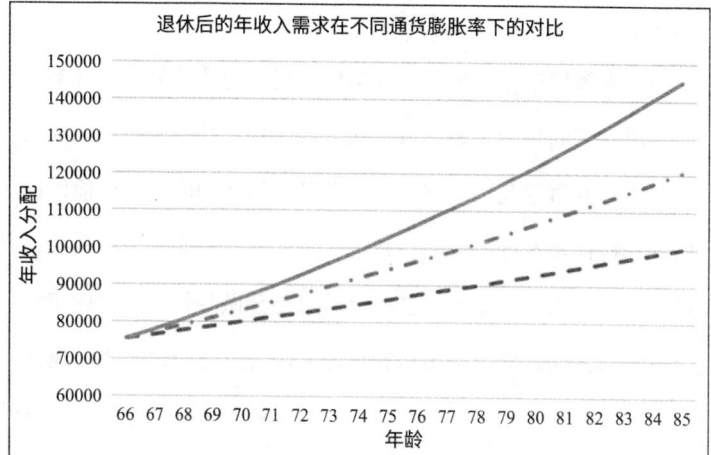

图 46　调整通货膨胀率后的年收入分配需求

在退休后的第一年，使用我们最初的假设，即所需收入为退休前最后一年工资的 65%，分配（提取）将从 66 岁、75463 美元开始。随着通货膨胀率的增加，这个数字每年都要被调高。通货膨胀率越高，需要的钱就越多。换句话说，每年物品和服务的价格都会更高，所以需要额外的收入来支付这些费用。在我们假设的例子中，我们还输入了每年 18000 美元的社会保障福利，这是不按通货膨胀率调整的。社保金确实包含一个生活成本的调整（COLA），但为了让事情变得简单，我们从 66 岁开始使用一个固定的福利金额。

社保和养老金收入、租金收入和其他收入来源可以弥补分配收入的需求缺口。你可能收到过一份来自社会保障管理局的书面声明，里面根据你到目前为止的总收入给出了一个估计值。你还可以在他们的网站上创建一个账户并查看信息。

一个人越接近退休年龄，社会保障福利的估计值就越准确。它们会给出在不同年龄开始提取社保金的金额。社会保障福利的未来超出了本书的讨论范围。许多人，尤其是年轻的雇员，对他们退休后的福利持怀疑态度。虽然在政治上，大幅削减或减少福利是不受欢迎的，但你永远不知道当选的议员可能会做些什么。退休年龄可能会被提高，或者能否获得福利可能会需要进行测试，当前退休资产多的人收到的福利可能会减少。要记住的一点是，你越是能够使你的资产和账户增长，而不是完全依赖社会保障福利，就越好。

通货膨胀率的另一个问题是，你每个月在 CNBC 上看到的数据是否反映了你自己的情况？它是否恰当地描述了你的生活成本是如何上升或下降的？住房、能源和医疗可能是最大的开支。让我们面对现实吧，香蕉理论上可能会经历一段时间的价格飞涨，但你可以吃苹果。如果你的必需品的价格变得更高，你自己的通货膨胀率可能会不同。随着年龄的增长，我们在医疗上的花费会渐渐增加。根据 Kaiser 基金会的数据，1991 年至 2014 年间（KFF.Org，2014），人均医疗保健支出的年均增长率为 4.9%。那些较早退休的人可能需要缩小他们目前的保险和医疗保险之间的差距。当涉及保费和自付额上涨时，这一趋势对你并不友好。

好消息是，除了 20 世纪 70 年代末和 80 年代初，通货膨胀率都呈下降趋势。图 47 显示了 1978 年 1 月至 2017 年 5 月通货膨胀率的修剪平均值。

资料来源：达拉斯联邦储备银行和圣路易斯联邦储备银行。

图 47 1978 年 1 月至 2017 年 5 月通货膨胀率的修剪平均值

在一个增长和改革较为缓慢的时期内，通货膨胀率可能会上升，也可能会下降。但我们需要考虑通货膨胀率，因为它告诉我们，要支付未来的开支，我们需要多大的增长。

7.3 投资收益率（ROI）

在退休前和分配阶段，投资者获得的收益可能是影响资产增长的最大的因素之一。在我们的示例中，我们在退休前使用了 7% 的年收益率，然后在退休期间使用了 6% 的年收益率。现实是，收益并不总是对称的。曾经有过严重的股市低迷时期，它侵蚀了市场的资本和信心。这些市场崩溃或调整可能会使恢复到盈亏平衡点变得很困难。

保持我们在表 16 中的假设不变，现在让我们调整退休前和退休后的收益率，看看个人的年增长率会在多大程度上帮助或损害资产余额曲线。图 48 提供了三种额外的情况。

收益率的细微变化可能会产生巨大的影响。我们从 50 岁、10 万美元开始，把余额曲线画到 85 岁（退休年龄是 65 岁）。显然，在我们的测试开始时，余额越高，资产余额将会越多。但要注意收益率可能带来的影响。即使中间两条线使用的是相同的退休后年收益率（6%），但将退休前的年收益率减少了 3 个百分点，那么在我们假设的例子中（保持其他输入值不变），它代表着 82 岁时就把钱花光了和 82 岁时还剩下 40 多万美元的区别。所以收益率很重要！它

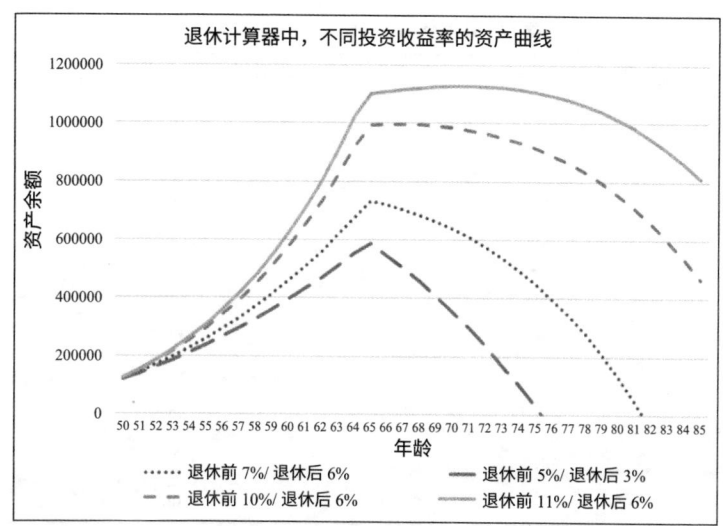

图 48　不同年投资收益率的资产余额曲线的对比

在保护资产和实现资产增长方面很重要,而且在市场凝滞时对正收入的产生也很重要。

我们还需要关注市场下跌时期,因为它会打乱我们向退休前进的步伐。说到这一点,从表 17 中,我们可以看到投资者需要赚多少钱才能克服经济低迷以回到收支平衡点。

这就是为什么尽管投资者要求股票的增长率更高,但接近退休时无保护的股票投资可能会给资产注入风险,导致其增长不够大,无法维持收入需求。有趣的是,当投资者的累计收益达到 100% 时,情况正好相反。只需要 50% 的亏损就能把投资者带回到收支平衡点。与最小的跌幅越一致越好。

表 17　让投资者回到收支平衡点的收益率

如果你赔了这么多……（%）	你需要赚这么多……（%）
−5	+5
−10	+11
−15	+18
−20	+25
−25	+33
−30	+43
−35	+54
−40	+67
−45	+82
−50	+100

注：所有数字均四舍五入。

投资者经常会在网上看到一只基金或 ETF 的平均年收益率是如此之高。这可能会，也可能不会反映你的真实经历。你的经历与你自己的点对点收益带来的累计复合年增长率有关。考虑一个投资组合的例子：在第一年损失了 50%；如果起始余额为 100 万美元，亏损 50% 则使余额降至 50 万美元；下一年盈利 50% 并不能把投资者带回收支平衡点，因为新的余额只有 75 万美元。问题是，如果你把第一年和第二年的收益率平均一下，你的平均年收益率将为 0%。等一下，余额不是比开始的时候还少了 25% 吗？为什么会这样呢？你实际的点对点的累计收益率为 −25%。复利在市场上升时能帮助你，也会在市场下降时伤害你。

第 7 章 为什么收益的顺序很重要?
Chapter 7 Why Sequence of Returns Matter?

实现收益的顺序很重要,尤其在退休后的分配或提款阶段。因为退休人员每年都要拿一些钱出来,如果发生损失,需要更高的收益率才能回到收支平衡点,因为损失的金额要从余额和分配金额的差中减掉。

下一步

- 你有没有预估过自己还有几年退休?
- 你有没有确定退休后的第一年你需要的通货膨胀率调整前的收入?
- 你预计自己会有哪些一次性支出?
- 回顾你当前的投资储蓄,想想看它能否被增加。
- 你当前的资产能够支持的生活和你退休后想要的生活之间是否有差距?
- 如果你已经退休了,你的资产能否继续支付你预计的定期支出和一次性支出?

第8章

硬缓冲和对冲

多年来,我与许多投资者交谈过。他们的一个共同点是对市场的状况有些恐惧。现在,对市场恐惧是一种自然和健康的心态。根据谈话发生的时间不同,恐惧感也有所变化。在市场崩溃和调整之后,我看到更多的人持有现金。顺便说一句,他们通常会错过市场复苏的好时机。但总有一些人有不要投资于市场的理由。即使在市场好的时候,投资者有时也会对一些事情吹毛求疵或喋喋不休。CNBC 和福克斯商业频道的嘉宾有时将牛市称为"攀登忧虑之墙"。这句话描述了即使在人们认为所有事情都可能出错时,市场还是可以走高。

这通常是你会看到统计信息的时候。错过一段时间内市场表现最好的 5 天、10 天或 20 天可能会严重损害长期收益率。这表示你必须一直投资,否则你的投资组合可能会错失机会并长期表现不佳。相反的论点可能会认为,错过市场在一段时间内最糟糕的 5 天、10 天或 20 天,将大大提高收益率。虽然这是正确的,但这要求投资者能够成功预测最糟糕的日子什么时候发生,并在最糟糕的日子到来之前撤出市场。下面让我们来探讨一下,对于什么是真正的对冲和潜在的解决方法,我们存在哪些误解。

第8章 硬缓冲和对冲
Chapter 8 Hard Floors and Hedges

试图成功地采用掐准市场时机的策略是不现实的，即使是专业交易员也会同意这一点。多年来，掐准市场时机的策略对大多数人来说基本上一直是失败的。看看2008年的情况吧，当时大量投资者在市场走低时持有股票，结果却在接近低点时卖出。更糟糕的是，他们在市场开始复苏时选择持有现金，之后在市场创出更多高点时因为怕错失机会而买回。直到今天，一些人仍然不愿在大萧条后重新进入市场。其他人则坚信另一次严重的经济低迷将会发生，而且他们正在等待这个机会。

但这种普遍的恐惧会阻碍许多人实现他们的财务目标。在传统的投资饼图中，分散投资所宣称的好处是可以降低风险。然而，我们慢慢发现，在严重的经济低迷时期，每个行业和市场都会下跌。将大约60%的资产投资于股票，40%投资于债券，看起来是个很好的主意。然而在以后这种低利率环境下，债券不太可能提供多好的收益率，只可能带来很少的收益。

所以，你需要问这个问题：如果消除市场中大部分的不利因素，人们是否会有信心进行长期投资呢？如果可以消除人们害怕的大部分因素呢？新的饼图应该包含更多的可以替代过去旧产品的另类投资产品，以及纳入一些能为投资组合提供硬缓冲的策略，以对冲风险。当然，这有优点也有缺点。但对于处于投资组合生命周期某些阶段的投资者来说，持有增长率可能更高的股票资产，同时控制下行风险，可能会是很不错的选择。

当我们思考什么才是好的对冲时，探索"软对冲"（soft hedge）和"硬对冲"（hard hedge）之间的区别可能是很有用的。投资者经常认为只要投资组合进行了分散投资，那么它就是对冲了的。他们认为自己的投资组合拥有最好的行业中最好的股票。有些人可能会使用止损订单来保护自己的资产。其他人则认为，长期持有ETF有助于投资者解决短期内经历的亏损和波动问题。还有一些人仍然试图掐准市场时机，想要确定投资或撤资的最佳时机。软对冲是一种基于历史相关性的方法，在设计上可行但在某些条件下可能会失效，而失效的原因是多方面的。

8.1 止损订单

止损订单旨在通过以低于当前市场价格的预定价格卖出股票或ETF来退出市场。它的名字概括了它的意图，即停止投资者的损失。常见的变化类型包括止损市价订单和止损限价订单。前一种类型是，投资者持有某只股票的股份，如果该股票跌至某一特定水平，订单就会进入市场并下单卖出股票。

8.2 止损市场

XYZ公司目前的股价为每股50美元。

止损价格为每股40美元，一旦达到40美元就按照当时的市场价格出售。

如果 XYZ 公司的交易价格达到 40 美元或更低，则无论当时的价格是多少，一个以市价出售该股票的订单会被下达和执行。当一个止损限价订单被下达后，与之前会触发一个市价卖出指令的订单不同的是，限价止损会触发一个限制价格，该价格可能与止损限额相同，也可能不同。

8.3 止损限额

XYZ 公司目前的股价为每股 50 美元。

止损限价订单设置在每股 40 美元，达到后，以每股 38 美元的限额卖出。

这次的不同之处在于，当股价跌至 40 美元一股时，不是以市价卖出，而是发出限价订单，订单指明不能以低于每股 38 美元的价格出售该股票。在第一个例子中，一旦达到止损价，投资者就会说，无论市场价格如何，赶快把股票卖掉。在后一个例子中，投资者说，如果我的股票跌到每股 40 美元，卖掉它，但我不会接受低于每股 38 美元。市价订单的好处是想卖的股票会被卖掉。缺点是你不知道成交价格是多少。止损限价订单的好处在于你可以给出你能接受的最小价格。缺点是你的股票可能卖不出去，然后市场可能会继续下跌，进而增加风险。

虽然交易员可以有效地使用止损订单，但使用它们需要经过很多分析，而散户投资者往往会将它们摆在不太理想的位置。此外，当市场与前一天相比价格跌幅很大，或者发生某种类似崩盘的事件时，它们会失效而且无法实现预期的目标。如果 XYZ 公司在周二以每股 50 美元的价格收盘，而在股市交易结束后，其 CEO 被铐上手铐带走了，它们唯一的产品因为安全原因被召回了，或者公司收益急剧下降了，那么第二天早上的开盘价可能会比前一天的收盘价低很多很多。这被称为跳空低开。如果 XYZ 公司的收盘价为 50 美元，然后第二天的开盘价为 25 美元，那么止损订单对控制损失没有什么帮助。你们中的许多人可能还记得那次著名的闪电崩盘，当日股市大幅下跌，最终又出现反弹。想象一下，如果你设置了止损订单，把你持有的产品平仓了，那么之后可能不得不在更高价位再买回。另外，如果你使用的是一个应税账户，那么在卖出时你可能已经实现了收益，这时你需要支付资本利得税。指数和基于指数的 ETF 确实持有一组各不相同的股票，但它们也可能在市场剧烈修正时出现跳空低开。另外，如果你止损出来了，你什么时候再进去呢？通常你要选一个理想的时间，而更好的做法是建立一种策略，该策略能够抑制不利因素的影响，并免除你要在正确的时间进入和退出市场的需要。

个股已经并将持续给投资者带来风险。以图 49 中的迪士尼公司为例，即使在盈利报告为正时，它的股票仍在其高管谈论了美国娱乐与体育电视网（ESPN）的订阅用户数量后跳空低开。

第 8 章 硬缓冲和对冲
Chapter 8 Hard Floors and Hedges

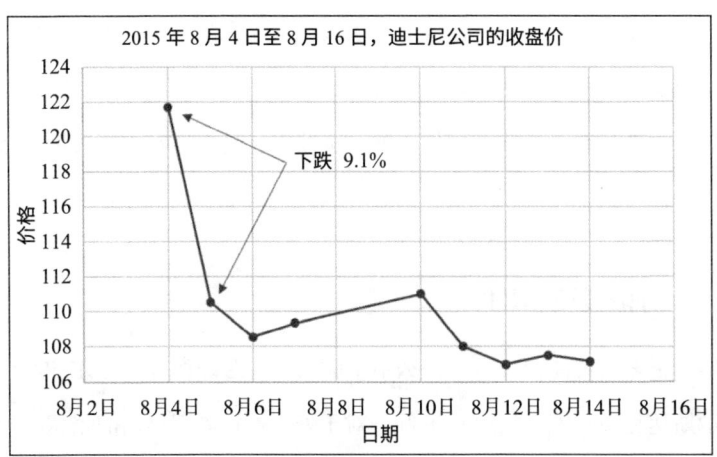

资料来源：雅虎财经。

图 49　迪士尼公司的股票在一天之内下跌了 9.1%

有些人又想要寻找市场的顶部和底部了。试图掐准市场时机是使投资组合业绩变差的最有可能的行为之一。投资者很难知道什么时候是进入和退出的最佳时机。即使是专业人士和经济学家，要做出完全准确或近乎准确的预测，都是极其困难的。还记得在 2005 年收益率曲线反转了，但在接下来的两年里，股市都没有发生抛售，在此期间，股市还上涨了。即使在许多人说房地产有泡沫之后，住房价格仍在继续上涨。你的预测可能是对的，但若时机选错了，也会使你错失机会。有些人可能在 2008 年市场下跌时就把持有的产品都抛售了，结果错过了之后的恢复阶段。然后他们决心等下一个熊市再买入，结果又错过了过去 8 年的收益。试图掐准市场时机不是一种长期的成功的投资方法。

对于那些认为自己已经对冲了大幅下跌风险的投资者来说，分散投资是另一个常见的问题。在第4章中，我们展示了在抛售期间，各个行业的相关性是如何增强的，全球市场是如何在不同程度上都发生抛售的。

8.4 分散投资和ETF

很多人可能会说，为什么不干脆买一些跟踪像标准普尔500或纳斯达克100等指数的ETF呢？对于处于投资周期早期的累积阶段的投资者来说，这些是很好的投资工具。与持有高度集中的投资组合相比，持有分散的一篮子产品的风险较低。但对于那些即将退休但仍需要增长的人来说，追踪指数本身并不能消除市场的下行风险。它们是很好的基础策略工具，可以被对冲。其中的一个原因是，代表着分散良好的指数的ETF为投资者提供了大盘敞口。但它们也会随着不同公司在指数中权重的变化而变化。

许多指数都是加权的，所以大盘股往往在指数中占据更大的比例。比例取决于市值，也就是发行在外的股票数量乘以股价的值。如果一家公司发行在外的股票数量为500万，股票价格为100美元，那么它的市值为5亿美元。其结果是，基于加权指数的ETF持有更多大公司以及规模正在扩大的公司的股票。在某种程度上，这会产生以下效果：买入越来越大的公司的股票，卖出萎缩的公司的股票。例如，标准普尔500指数和纳斯达克100指数用的都是加

第 8 章 硬缓冲和对冲

权平均值。

另一方面,道琼斯指数是价格加权的。因此,在构成指数的 30 只股票中,价格最高的股票所占的权重最大,对指数价格变动的影响最大。市值并不影响权重。

指数成分中的成员也会发生变动。想想有多少公司已经不复存在了。从网络时代开始,许多网上公司都已经萎缩或消失了。如果我们看一下纳斯达克 100 指数,它是热门 ETF(代码:QQQ)的基础,我们可以看到,随着时间的推移,其中权重最高的股票是如何变化的。几年前,我联系了管理 Qs(有时 QQQ 会被叫作 Qs)的 ProShares 公司,我问对方是否可以把从 2000 年 3 月起权重最高的股票名单发给我。2000 年 3 月正是科技板块崩溃的前夕。正如我们在表 18 中看到的那样,连我都对名单上的某些名字感到惊讶。

表 18　2000 年 3 月与 2017 年 8 月,纳斯达克 100 指数中权重前 10 名的公司

2000 年 3 月		2017 年 8 月	
天狼星卫星广播公司	9.50%	苹果公司	12.43%
微软公司	8.09%	微软公司	8.36%
思科公司	7.90%	亚马逊公司	6.82%
第三级通信公司	7.78%	脸书公司 A	5.94%
高通公司	7.16%	字母表公司 C	4.79%
英特尔公司	6.29%	字母表公司 A	4.18%
甲骨文公司	4.07%	康卡斯特公司 A 类	2.87%
博通公司 A 类	3.15%	英特尔公司	2.43%
太阳微系统公司	2.97%	思科公司	2.30%
雅虎公司	2.76%	安进公司	1.85%

没错，2000 年的名单中没有苹果、谷歌或脸书。相反，天狼星卫星广播公司占据了最高的位置，占该指数的 9.5%。在 2017 年中，我们可以看到，虽然一些名字仍在最高权重的名单上，但其他名字却已经不在了。随着时间的推移，加权指数会对其持有的公司进行自我调整。

8.5 为什么VIX指数基金是一种糟糕的长期对冲？

许多投资者可能认为，他们在长期可以通过持有某种 ETF 或共同基金来对冲其投资组合中的下行风险，这类基金会做多 VIX 指数期货或其他衍生品。VIX 是波动率指数的简称，是衡量短期标准普尔 500 指数期权的价格成本的指标。人们将其描述为一种根据当前市场来预测未来 30 天的波动性的方法。一些人将其称为"恐惧指数"，因为在市场抛售期间，随着投资者对保护的需求的上升，期权价格变动更加活跃，恐惧指数会飙升。过去 10 年来，许多新产品应运而生，它们利用投资者对波动率渐增的兴趣来赚钱。

根据芝加哥期权交易所的数据，VIX 指数期货合约的日均成交量从 2006 年的 1731 增至 2016 年的 238773（CBOE.COM，2017）。基于 VIX 指数期货合约的期权日均成交量从 2006 年的 23491 增至 2016 年的 588279（CBOE.COM，2017）。现在，有些 ETF 利用不同的交易方法，在几个不同的时间框架内做多或做空 VIX。持有一只在恐慌加剧、市场调整、VIX 指数走高的情况下上涨的 ETF，对投资者而言似乎是件很自然的事情，对吗？

第 8 章 硬缓冲和对冲
Chapter 8 Hard Floors and Hedges

使用 VIX 产品进行对冲实际上更适合非常短的时间框架。多年来,VIX 指数一直被交易员和投资者误解了。不久前,我在为一个未来的新客户审查一些报表。报表里提到,投资者持有的一只股票一直在贬值,尽管他已经进行了一些调整。报表里给出了股票代码:VXX,它是一个交易所交易票据,与短期 VIX 期货多头头寸一致。市场中有很多这种产品,使用 VXX 作为例子并不是要贬低这个基金。相反,它提供了一个很好的例子来说明,为什么购买和持有这类基金可能无法提供给投资者他们想要的收益。如果我们回顾一下长期的图表,可以看到这类基金的价值是如何缓慢走低的。图 50 清楚地显示了,随着时间的推移,购买短期 VIX 指数期货并将其清算和滚动至下个月时,价值会受到多大的侵蚀。

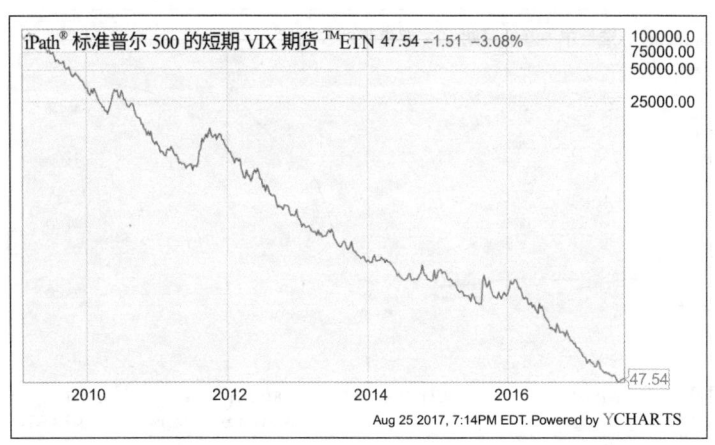

资料来源:YCHARTS。

图 50 2009 年 1 月至 2017 年 8 月,VXX 交易所交易票据的价格走势

当你看这张图时,你可能会问:"他们最初把 VIX 类产品的价格定在每股超过 10 万美元了吗?"这张图对分割进行了调整,而且它也经历了几次反向分割,价格也被分割调整。长期持有这种证券作为对冲的成本对投资者来说太大了。相反,在很短的时间里,这会是个好工具。如图 51 所示,如果我们在波动率短期大幅上升期间查看这张图,可以看到它的价值确实增加了。

为什么做多波动率指数在长期是没有意义的?这与波动率指数是什么以及波动率指数的期货曲线是如何运作的有关。首先,你在 CNBC 屏幕的角落里看到的 VIX 指数是不可交易的。相反,它是一个现金指数。代表 VIX 所有权的 VIX 期权或基金是基于 VIX 期货的。VIX 期货的时长一般为几个月,最近又增加了每周到期的类型。

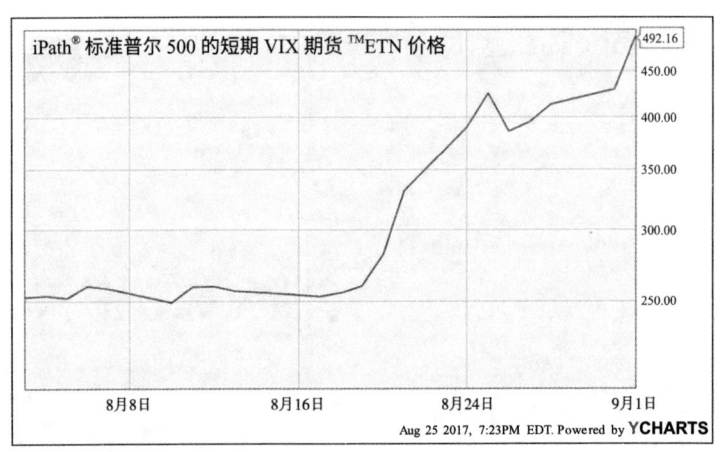

资料来源:YCHARTS。

图 51　2015 年 8 月,VXX 交易所交易票据的价格走势

每个月的数都是对到期时 VIX 收盘价的估计。在图 52 中，我们可以看到一个 VIX 期货曲线的示例。

通常，VIX 期货处于所谓的期货溢价状态，近期合约的价格比之后几个月的价格低。当你沿着曲线向后走时，这种状态会继续下去。当抛售和修正发生时，你可能会看到曲线进入现货溢价的状态，前一个月的价格高于后面的月份。因为长期 VIX 类型的基金必须将期限维持在 30 天左右，它们要不断地买入之后的合约，然后在合约快到期时卖出，再买入之后到期的合约。这导致基金一直在高价买入，低价卖出。从长远来看，这一过程会导致基金价值被侵蚀。对投资者来说，这些产品的长期持有成本并不能换来好的收益。

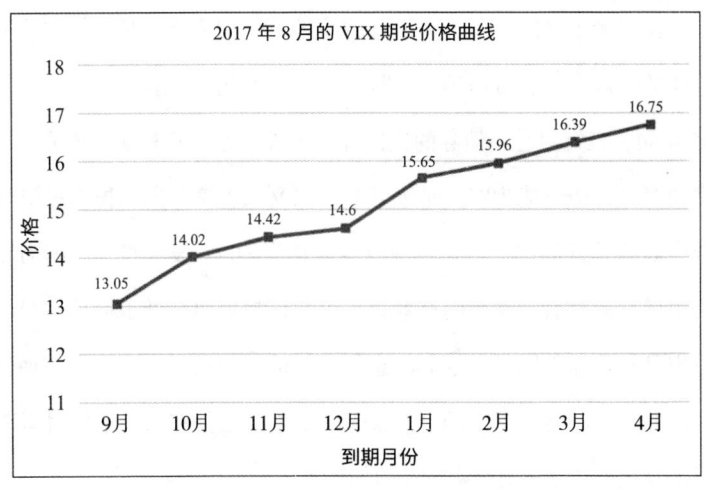

资料来源：德美利证券。

图 52 2017 年 8 月，按月到期的 VIX 期货曲线

波动率指数的另一个问题与它的期权有关。这是一个相当令人困惑的领域。VIX 的期权是基于它的期货的，而不是你在电视上看到的现金价格。有些交易平台也可能会给出一系列期权，带着到期月份和执行价格，同时也会给出现在的指数价格和一些分析。另外，1 个月期的股票期权与 12 个月期的股票期权的标的资产是相同的，但 VIX 期权的月份与期货合约的月份挂钩。还记得我们的 VIX 期货曲线图吗？如果买入 12 月的 VIX 15 看涨期权，那么买入的是 12 月的期货合约，而不是 9 月的。波动率指数期权的交易是一个复杂得多的过程，更适合在市场出现非常短期的偏差时使用。

8.6 使用经典的资产配置作为对冲的问题

投资者于是陷入了进退两难的境地。他们需要增长，但在接近退休的时候，要获得增长，风险会太大。因此，在退休前最后 10～15 年间，投资组合中债券的比例开始上升。在以前利率比今天高得多的时候，债券能为账户带来可靠的名义收益率，同时扮演投资组合中风险较低的部分的角色。有些人推崇 60/40 投资组合，因为在历史风险调整后收益率的有效边界上，该投资组合处于最佳位置的思想已经根深蒂固了。他们的意图是好的。但展望未来，有一种更好的办法，既能保留市场上升带来的好处，也能在市场下跌时留下固定收益类产品历史风险较低的部分。

正如我们谈到过的，在目前的低利率环境下，投资者这几年所能期望获得的名义收益率也就等于债券投资组合的票息率。甚至如果利率大幅上升，收益率还要低于票息率。记住，名义收益率是调整通货膨胀率前的收益率，所以如果收益率是3%，但通货膨胀率是4%，这会产生 –1% 的实际收益率。尽管利率可能会小幅下降或保持在低位，但它更有可能会在某一个时刻上升，而这种上升可能会导致固定收益类产品的损失。

8.7 期权入门

如果你对期权已经非常熟悉了，你可以往后跳一点。但对于那些对产品只有粗略了解的人，我们将试着解释其基本特性。期权是一种基于标的资产定价的衍生品。它们在交易所交易，像股票和ETF一样有买价和卖价。通常情况下，1份期权合约相当于100股标的资产。

- 合约规模——通常1份期权合约等于100股股票，也称为可交割规模。
- 看涨期权——赋予持有人以特定执行价格购买股票的权利，而无义务。
- 看跌期权——赋予持有者以特定价格出售股票的权利，而无义务。
- 执行价格——持有人享有权利、卖方负有义务的价格。
- 价格（premium）——期权的价格。

- 到期——合同到期的日期。期权的期限通常是近几周、几个月或一到两年。

通常，在向从没有接触过期权的投资者传授它的概念时，我会试着用我们日常生活中会购买的东西来打比方，像一块比萨、一杯咖啡、一场体育比赛的门票。想象一下，与其去你最喜欢的咖啡店花 5 美元买一大杯咖啡，喝了它，然后把垃圾扔了，不如把咖啡变成一种投资。我们先不要想煮好的咖啡易腐烂且不能放在架子上储存这个事实。如果它是一种可以储存起来，之后能拿出来出售赚钱的东西，那么期权会给投资者带来怎样的变化呢？

假设你花了 5 美元从你最喜欢的 XYZ 咖啡公司买了一杯咖啡，你认为这是一笔不错的投资，而且很可能会升值。当然，XYZ 是一个虚拟的名字。如果一杯咖啡的价格降为零，你的投资就会损失 100%。如果价格涨到 10 美元，你可以卖掉这杯咖啡，把 5 美元装进口袋。在这种情况下，你没有下行保护。想象一下，如果人们停止购买咖啡，或者供应太多导致价格暴跌，你可能会损失大部分的初始投资。当你买了这杯咖啡，你就持有了它。但如果你想在价格上涨时获得收益，同时在价格下跌时把损失限定在较小的范围内呢？

与之相反，你可以使用期权来控制但不持有一杯咖啡的名义价值。与直接买一杯咖啡不同，投资者可以以 40 美分的价格购买一个看涨期权，它的执行价格为 5 美元，有效期为一年。这个看涨期权给持有者从今天开始到一年以后以 5 美元购买这杯咖啡的权利。如

第8章 硬缓冲和对冲

果看涨期权的持有者想要买这杯咖啡，他会行使该权利，并接收该物品。期权的价格是由许多因素决定的，如到期时间和对标的资产未来价格变动的预期（在期权市场上被称为隐含波动率）。价格大幅波动的可能性越大，时间越长，期权的价格或期权费就越高。

在这个案例中，看涨期权的买方支付了标的资产价格的约8%，以获得在下一年内以5美元购买这杯咖啡的权利，而不是义务。它的好处是，即使标的资产价格变为零，看涨期权的持有者也只会损失40美分。这是他在交易中可能的最大损失。他的收支平衡价格是他们看涨期权的成本加上执行价格，即5.35美元。如果这是咖啡到期的价格，在扣除了购买看涨期权所花的钱后，他既不会赚钱也不会亏钱。

如果标的资产价格从5美元上涨到15美元，期权的持有者可以获得大部分的上涨收益，他在期权到期时减去成本后所获利润是9.60美元。理论上，卖出期权的人会得到0.40美元，但之后他必须在公开市场上以15美元的价格购买这杯咖啡，并以5美元的价格交付给持有者。相反，如果价格跌至零，卖方将获得0.40美元的收入，而买方将损失0.40美元。在这种情况下，虽然买家损失了钱，但他只损失了一小部分，而不是全部的5美元。

看跌期权和看涨期权的定价并不完全相同，但在我们的例子中，我们将假设看跌期权的成本也是40美分。如果投资者看跌一杯咖啡，他不用卖空咖啡，而可以以40美分的价格购买一个看跌期权。

这个期权让他有权以 5 美元的价格卖出这杯咖啡，这样即使价格降到零，他也能赚取一笔利润。卖空指的是卖出一只股票，然后希望之后以更低的价格把它买回来以获利。卖空者的损失可能是无限的，因为如果一只股票价格上涨到无穷高（虽然我还没有买过这样的股票），他们将可能赔多于其初始投资很多倍的钱。不过前面的原则同样也适用，只要花一点点钱，他们就可以表达自己的立场，并在参与有利变动的同时降低自己的风险。

8.8 股票对冲策略

当我们考虑投资者的三个阶段：累积、基础资产最大化和分配阶段时，三者中的两个都最好不要出现较大的亏损。如果你处于投资生涯的早期，并在持续地投入资金，那么就继续做你正在做的事情吧。但在临近退休的几年，大幅的下跌会侵蚀资本并产生问题。从巨大的损失中恢复过来变得越来越难。更糟糕的是，大幅度下跌可能导致退休延迟或减少退休后的收入。随着预期寿命的延长，资产必须持续更长的时间，许多投资者需要更多的增长。

当我想到股票对冲策略时，它让我想起人们最初被吸引去喝无糖汽水的原因。他们想要保留真正的苏打水的全部味道，但又想要去除那些不好的东西。这是一种折中的办法，代价是你无法得到普通苏打水所有的好处，但好处是你也没有经受普通苏打水所有的缺点。我在与一群人交流时用过这个类比，我知道很多人可能会说，

第8章 硬缓冲和对冲

无糖汽水其实对你没有什么好处。

股票对冲策略是在股票市场上持有有代表性的头寸,但将大部分风险转移到波动率较小的资产类型上的策略。不过,在保留原本资产类别的上涨空间方面,存在着一种平衡。策略中的对冲的成本不能太高,否则就会消除大部分获利空间。保持资产的下跌损失固定的一个方法是利用期权来创建所有权和参与产品变动,这只需要少量的资本;还可以用固定收益类资产的本金产生的利息来减少购买期权的成本。

在投资组合中设置一个硬缓冲的好处可以从2008年的市场看出来。在市场大幅下跌时,我们想要的是,在跌到一定水平后避免参与市场。如果在执行时,亏损可以被限制在市场价格10%的范围之内,那么想象一下,当你知道投资组合的这一部分受到保护时,你心情会有多放松。在图53中,我们可以看到标准普尔500指数ETF(SPY)在波动较大期间的日价格。

我为客户使用的股票对冲策略包括买入看涨期权和搭配一层基础的固定收益类产品。由于期权投资者控制但不拥有股票,他们为期权支付的价格就是他们的最大亏损额。当标准普尔500指数在2400点时,一个执行价格为2400点的看涨期权就相当于一个名义上或合成时等于240000美元的仓位。记住一个合约等于100乘以执行价格。如果你持有一份ETF(SPY)的看涨合约,因为这个ETF相当于该指数本身值的1/10,那么它的名义价值将为24000美元。

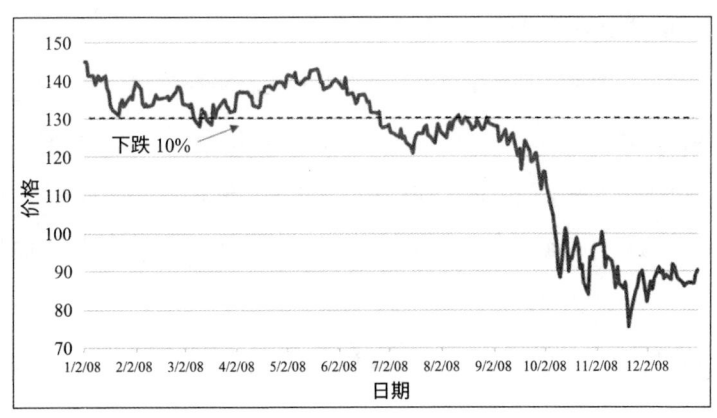

资料来源：雅虎财经。

图53　2008年标准普尔500指数ETF（SPY）的日价格曲线图
（虚线标出了年初价格下跌10%的位置）

在图54中，我们可以看到持有一个看涨期权与持有ETF的损益图的对比。请记住，这不包括账户中固定收益头寸产生的股息。

记得在咖啡的例子中，我们的看涨期权的成本是那杯咖啡总价的8%。与购买咖啡本身的总价相比，购买期权的成本很低。我们对那杯咖啡有控制权，但没有所有权。我们可以参与一部分上涨行情，但对下跌行情加了一个硬缓冲。这个策略的另一面是风险的转移。由于剩余资产未用于购买看涨期权，ETF或复合期权仓位这种固定收益类资产仓位可以通过产生收入来达到减小成本的目的。上述损益图不包括固定收益类产品产生的收入，这部分收入能使成本降低到5%左右。由于固定收益类产品有史以来波动率都比股票产品小，因此这一策略更具有固定收益类产品的特性，而非股票产品

第 8 章 硬缓冲和对冲

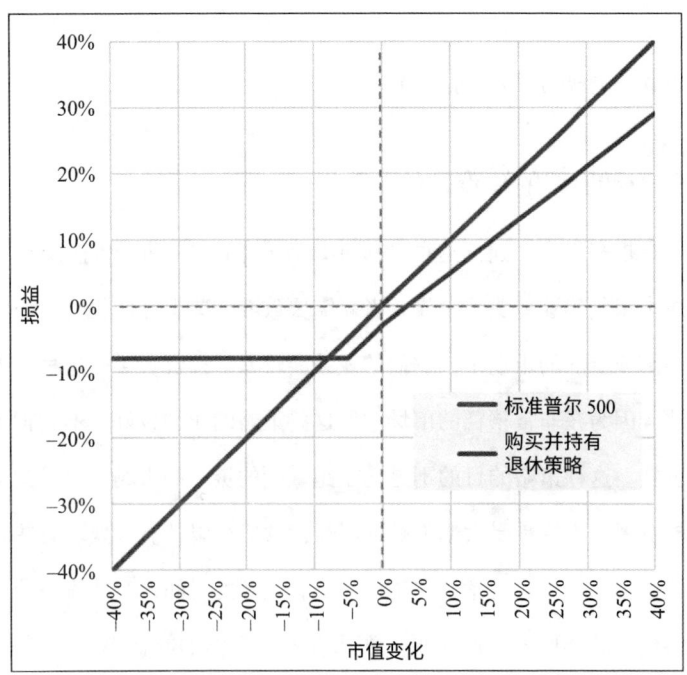

资料来源：ZEGA Financial。

图 54　ZEGA Financial 的购买并对冲退休策略股票部分的损益表

的特性。

正如我们上面所看到的，如果又发生了像 2008—2009 年的那种抛售事件，投资者并不会经受大部分的下跌行情。如果市场有一波不错的牛市行情，投资者便能参与这一上涨（要减去他们的净成本），净成本包括来自固定收益类产品的股息和利息，以及期权的成本。对于那些退休后需要更高的资产基数的投资者来说，拥有一部分能够参与股票的收益的资产可能是至关重要的。同时，他们通常无法承受持有未对冲的股票，因为在如此接近退休时，如果出现市场下跌，造成的损失可能会无法弥补。

8.9 对冲股票的缺点是什么？

在投资组合中建立这种硬缓冲是有成本的。如果我们用5%的净成本来创建这些头寸，投资者就需要放弃一些上涨的机会，而且在停滞或上涨的市场中，它们的业绩会较差。投资者接受这种折中办法，因为在非常糟糕的市场中，这些策略的业绩较好，不会损失太多钱。这种策略的目的不是为了跑赢标的资产的市场，而是为了在投资者最不能承受大幅下跌的时候使他们可以持有股票。有些人可能会提起历史收益率，并指出如果有足够的时间，对冲策略的成本将使平均年收益率降至低于买入并持有策略的收益率。问题是，投资者没有100年的时间来达到平均值。对一个需要增长的人来说，放弃一部分上涨来转移风险，并给投资组合设定一个底线，似乎是个好主意。在经济危机期间，当市场下跌了50%时，有多少人会更希望自己持有一个稳健的股票对冲策略，而不是50/50的股票和债券投资组合呢？在未来的某个时候，市场将再次发生抛售。

8.10 需要考虑的因素

一个好的股票对冲策略应该在新的饼图中占有一席之地。当考虑这样的策略是否合适时，想想你处在哪个投资阶段。你能承受很

第 8 章 硬缓冲和对冲
Chapter 8 Hard Floors and Hedges

大亏损吗？另外一些人可能手上有一大笔钱，但又担心市场的走向，那么他们可能会选择对冲策略，而不是手握现金等待下一次衰退的到来。自 2008 年以来，我不断地看到人们因恐惧而变得过于保守。恐惧并没有错，因为它是完全自然的反映。但要使你的资产增长，你可能需要投资股票。带有下行保护的和不寄希望于它们会起作用的策略，可能有助于减轻恐惧。

下一步

- 回顾你当前的投资策略，看看它包含哪种真正的下行保护。
- 在你的股票投资组合中加入真正的下行界限，会如何减轻你投资时的压力？
- 回顾你当前持有的资产，并计算大幅下跌会如何影响你计划的退休后的收入需求。
- 额外的增长会带来更大的对冲的股票的敞口，它会如何影响你的退休基础资产？
- 你现在的策略如果放到 2008 年，表现会怎样？

第9章

波动率是一种新兴的资产类型

投资世界中增长最快的领域之一,一直是期权市场。

随着全球债券利率达到500年来的最低点,投资者需要另类的收入来源。通过出售波动率来产生收入,可以给投资者带来收益和更低的相关性。即使在横盘和下跌的市场中,也是如此。许多长期从事投资的专业人士对期权有些排斥。他们没有理解,使用一个好的正确配置的溢价销售策略,可以在各种市场环境下增加投资组合的价值。2016年,多个交易所的年期权交易量达到历史最高水平——14.7亿份(CBOE.com, 2017)。标准普尔500指数的期权交易量从2001年的9.7万手增长到2016年的100多万手(CBOE.com, 2017)。随着计算机和新科技在交易中的使用,个人投资者同机构投资者一样,也使用了更多的衍生品。

更多的市场参与者开始使用期权,而我却认为它是一种新兴的资产类别,因为仅仅从最近开始,波动率策略才被纳入投资者的投资组合。在上一章中,我们讨论了对冲股票会在新的饼图中占有一席之地。现在,我们将关注短期波动率,把它作为新型投资组合中的一小部分。

第9章 波动率是一种新兴的资产类型
Chapter 9 Volatility Is an Emerging Asset Class

9.1 期权与波动率的关系是什么?

当投资者考虑波动率时,他们通常只考虑经典资产配置方法是如何通过历史收益率的标准差来度量风险的。这确实能反映一种资产的历史波动率。不过历史波动率更多是与发生了什么有关,而不是与市场的预期有关,因此它被放入定价模型。它也不仅仅与波动率指数有关,或者说与买卖基于波动率指数的ETF或期权有关。当然,这是波动率格局的一部分,与期权定价的环境相关。但波动率更多是与市场对预期波动和风险的定价相关。与历史波动率不同,隐含波动率是期权价格的主要组成部分。隐含波动率较高的标的指数或股票在未来的变动幅度预计也会较大。对于历史上波动较大的产品,可以推测出未来的走势波动率也会较大。其他时候,市场环境在短期内对许多标的证券收取额外的波动性溢价,原因是这种类型的预期事件会使市场的运动变强或变弱。

9.2 期权价格的组成部分

买入或卖出一个期权的价格称为期权费。在期权合约的整个生命周期中,有几个输入变量的变化会影响到期权的价格变化。

- 隐含波动率——一只从未波动过、预计也不会大幅波动的股票,其隐含波动率较低。相比之下,预计将有相当大的

- 变动的股票，其隐含波动率较高。两者中，后者的隐含波动率更高，其期权溢价也更高。

- 时间——距到期的天数越长，期权的时间价值就越高。举个例子，在标准普尔 500 指数列出的期权中，有一些在两天后到期，还有一些在 843 天或 27 个多月后才到期。这经常被称为外在价值，即期权费减去价内值。

- 内在价值——期权要么是价内的，要么是平价的，要么是价外的。如果你有一个看涨期权，执行价格为 50 美元，标的的当前价格为 52 美元，比执行价格高 2 美元意味着它的价内值为 2 美元。价内值越高，其内在价值就越大。如果一个期权目前是价外的，那么它只有外在价值。期权可以同时含有内在和外在价值，因为时间价值和隐含波动率都是它的组成部分。

- 利率——这点经常被忽视：无风险利率可以影响看涨期权和看跌期权的价格。利率升高将使看涨期权价格升高、看跌期权价格下降，反之亦然。股息也会被反映在看跌期权的价格中。

9.3 期权的希腊值

期权具有动态的定价结构，因为它的价格可以根据标的资产、利率、隐含波动率和到期时间的变化而变化。通常隐含波动率对期权价格变化产生的影响最大。对于期权来说，有种分析模型被称为期权希腊值模型，旨在帮助投资者理解这些输入变量的变化会如何影响期权的价格。

- Delta——表示标的资产价格变化一个点后，期权价格的变化。Delta 并不是线性的，因为你不能在比如说标的资产变化 10 个点时使用和 1 个点时相同的 Delta。标的资产价格每变化一个点，Delta 就会重置。从这方面来说，它是动态的。

- Gamma——表示标的资产价格变化一个点后，Delta 的变化量。有些人把 Gamma 称为 Delta 的 Delta。它也是动态的。

- Vega——表示隐含波动率每上升或下降一个百分点，期权价格的变化。随着市场对未来风险的定价，这个变量可能会波动很大。

- Theta——表示每过一天，期权价格中将减少多少时间价值。通常临近到期的平价期权的 Theta 是持续增加的。从距到期 60 天之日开始，价外值较大的价外期权价格可能会经历最大的百分比跌幅，之后向到期日平稳过渡。

- Rho——表示利率每变化 100 个基点（1%），期权价格的变化。这个希腊值经常被人遗忘，尤其是在近 10 年的低利率环境中。

让我们用我们最喜欢的虚拟公司 XYZ 的看涨期权作为例子。表 19 概述了 XYZ 公司的看涨期权和它的各种特征。

表 19 XYZ 公司执行价格为 31 美元的看涨期权的特征

标的资产价格	31.11 美元
执行价格	31.00 美元
期权类型	看涨期权
期权价格	1.85 美元
到期前天数	39
内在价值	0.11 美元
外在价值	1.74 美元
隐含波动率	43.47%
Delta	0.542
Gamma	0.089
Theta	−0.023
Vega	0.041
Rho	0.016

资料来源：德美利证券。

值得注意的是，期权可以买也可以卖。在我们的例子中，唯一的负值是 Theta，因为看涨期权的持有者会发现时间衰减对他们不利。其他正在增加的值对看涨期权所有者来说都是正的。如果有人卖出或做空了相同的看涨期权，以上的值都会相反。在这种情况下，时间衰减将对他们有利，但标的资产价格或波动率的增加将对他们不利，因为他们最终是希望期权到期价值为零。以上成分的每个变化都会带来期权价格的调整。

在 1.85 美元的价格下，如果其他条件保持不变，我们预计期权的价值每过一天会减少 0.023（Theta 的值）。如果波动率上升 1% 至 44.47%，假设其他变量保持不变，期权价值将上升 0.041。在抛售期间或短暂上涨后的回落期间，波动率可能会出现相当大的变化。因此，它被许多人认为是最重要的输入变量。

9.4 隐含波动率

当我们考虑短期波动率策略或系统地卖出期权时，最重要的输入变量之一是市场或股票的预期或隐含波动率。但隐含波动率究竟如何等同于股票或指数交易到高于或低于其当前价格水平的预期概率呢？隐含波动率或 IV 是预期变动的 1 倍标准差的年化百分比。如果我们粗略地算一下，当 XYZ 公司的 IV 为 15% 时，我们可以估计或推测下一年内期权价格波动的 1 倍标准差范围（落在其中的概率为 68%）。如果 XYZ 的交易价格为 100 美元，我们预计价格将在 85 美元和 115 美元之间，即在 1 倍标准差范围内。1 倍标准差范围表示，根据隐含波动率和到期前天数算出，预期价格有 68% 的概率会保持在此范围内。如果年化隐含波动率上升或下降了，那么预期波动范围就会扩大或缩小。

隐含波动率是一个年化百分比，因此在一个完整的交易年中，该数字本身代表 1 倍标准差范围。值得注意的是，当我说粗略地计算时，没有包括对无风险利率的任何调整，也没有包括看涨期权和看跌期权定价之间的典型偏斜。不过就我们的目的而言，可以使用一个更简单的公式来帮助理解。

取年化隐含波动率并算出其在较短时间内的值，需要几个步骤。大多数年份一年有252个交易日。如果是闰年，则加1天。很多交易平台都将周末和节假日计入到期天数，但严格来说应该使用252天，也就是只使用实际的交易天数。但要记住，即使周末和节假日市场关闭了，其间的时间衰减也会影响期权价值。

除了注意IV是什么之外，第一步是将252（一年的交易天数）开根号，取小数点后三位为15.875。一旦你有了这个数字，要计算出1天的预期1倍标准差范围，你就可以用当前的IV除以252的平方根（即15.875）。让我们使用一个隐含波动率为15%，当前交易价格为100美元的股票作为例子。

- 求出总交易天数的平方根：$\sqrt{252}$=15.875。
- 用隐含波动率除以$\sqrt{252}$：15/15.875=0.944911。
- 用上一步的数字除以100得到一个小数：0.944911/100 = 0.0094。
- 把0.0094转化为百分数，表示单日的预期1倍标准差区间为0.94%。
- 然后，用股价100美元×0.0094=0.94美元作为上/下当前股价1标准差的大小。预期的2倍标准差范围就是当前股价上/下1.88美元。

第9章 波动率是一种新兴的资产类型

- 一旦算出1天的移动,为了找出其他时长的1倍标准差范围,将1天的值乘以交易天数的平方根。例如,如果你想知道49天的预期1倍标准差范围是多少,可以取1天的范围 0.94 美元 × $\sqrt{49}$ =6.58 美元。

图55显示了距到期不同天数的1倍标准差范围的曲线图,图中使用了相同的参数。

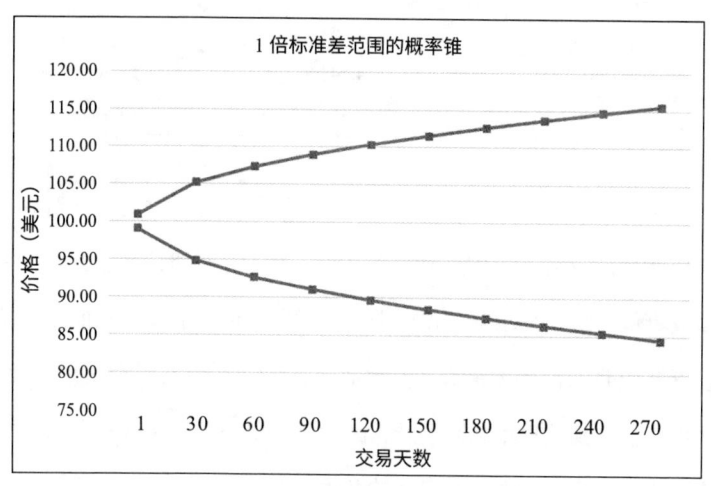

图55 IV为15%时,距到期不同天数的1倍标准差范围的概率锥

锥型随着交易天数的增加而进一步扩大了,因为我们假设所有到期日的隐含波动率都相同。我们从表20中可以看到,任何高于或低于图表上的点的价格都会超出一个标准差。

表 20　距到期不同交易天数的上下 1 倍标准差价格

距到期的交易天数	高 1 倍标准差（美元）	低 1 倍标准差（美元）
1	100.94	99.06
30	105.18	94.82
60	107.32	92.68
90	108.96	91.04
120	110.35	89.65
150	111.57	88.43
180	112.68	87.32
210	113.69	86.31
240	114.64	85.36
270	115.53	84.47

这是一个很好的、很清楚的例子，从最近的期权到期日到最远的到期日，使用了一个恒定的波动率。不同的到期日可能各自有更高或更低的隐含波动率。在市场恐慌时期，你可能会看到前几个月或近几个月的波动率最大。其他时候，比如在股票财报出来前后，你可能会看到波动率急剧上升，因为该股票预期会出现短期的大幅价格波动。IV 是期权市场从风险角度将其认为可能发生的变化纳入期权价格的方式。

1 倍标准差表示基于未来某时长的推算出的隐含波动率的预期价格范围。1 倍标准差内的区域表示价格保持在 1 倍标准差上限和下限内的概率为 68%，如图 55 所示。如果我们移动到 2 倍标准差，则价格保持在图 56 中显示的范围内的概率为 95%。

第 9 章 波动率是一种新兴的资产类型
Chapter 9 Volatility Is an Emerging Asset Class

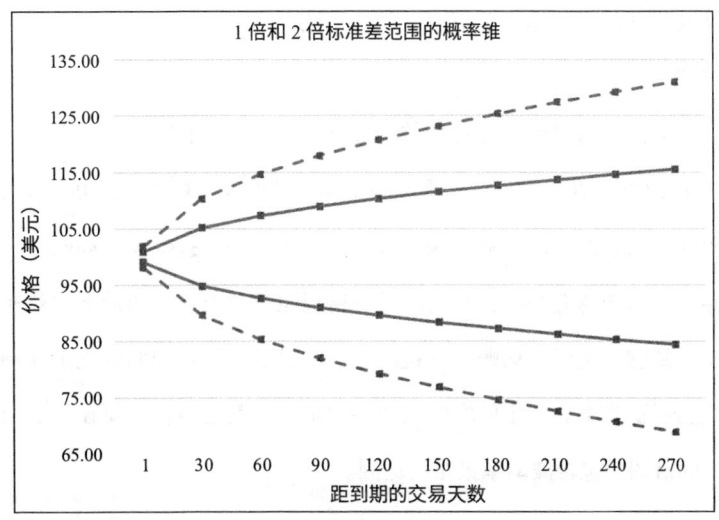

图 56　IV 为 15% 时，距到期不同天数的 2 倍标准差范围的概率锥

　　与使用历史结果和波动率不同，IV 推算的是期权市场预期的变化，并且控制它们，以使我们可以评估预期的风险。请记住，在我们的例子中，每个时间段使用的都是相同的且静态的波动率。我们也没有考虑利率或看跌期权与看涨期权的波动率偏斜。基于概率的做空波动率的策略使用这些计算作为基础，来开发将在市场中以超额溢价出售的产品。

　　波动率的变化将导致概率锥扩大或缩小。我们使用了 15% 的隐含波动率。然而，如果隐含波动率增加到 30%，该值加倍，则图 56 中的 2 倍标准差范围将变为新的 1 倍标准差曲线。2 倍标准差曲线会向外扩得更远。如果波动率从 15% 缩小到 7.5%，1 倍标准差曲线将变成新的 2 倍标准差范围，然后不同到期日的 1 倍标准差曲线会缩进。

在债券收益率如此之低的情况下，投资者一直在寻求收益。截至 2017 年中期，我们已经看到与市场上其他板块相比，历史上支付较高的股息的公用事业板块的市盈率变得极高。投资者对高收益债券基金越来越有兴趣。其高收益率曾经也是政府、公司甚至存款所能达到的。货币市场账户收益率为零，投资者发现他们的现金在调整通货膨胀率后产生的实际收益率为负。这就是为什么要在你更新后的饼图中包含波动率策略的原因。

9.5 卖出期权波动率和开保险公司一样吗？

在我们之前的例子中，我们研究了看涨期权的希腊值和其他特性。期权合约可以买入或卖出。买方支付期权费，而卖方收取期权费。在很多方面，卖出期权的策略很像汽车保险公司。每个月，保险公司都会向车主收取保费，作为交换，它们会在车主发生事故时进行赔付。保费不仅基于司机过去的历史表现，还基于他们的预期驾驶习惯。一个 17 岁就已经发生过几次交通事故的人，可能要比一个 50 岁但没有事故记录的人付的钱更多。保险公司的想法是收取保费，而保费代表了汽车每个月价值的一小部分。如果只有一个司机，对它们来说这么做的缺点是，如果事故的损失超过了车子的价格，那么它们必须支付换新的费用。

第9章 波动率是一种新兴的资产类型
Chapter 9 Volatility Is an Emerging Asset Class

保险公司根据司机和类似的模式计算这种情况发生的概率,并收取足够的保费以弥补风险。现在,只为一名司机提供保险意味着他们的风险非常集中。司机的任何意外事件都可能会带来风险。当然,保险公司不只是为一名司机提供保险,而是为许多司机提供保险,因此,如果一名司机的理赔额超过车子的价值,而其他的司机没有发生意外,保险公司并不会受到太大影响。所以,它们只收取占汽车总价值的一小部分的保费。从理论上讲,它们需要留出足够的钱,以备因意外而支付换新费用的需要,并且每个月都需要从这些资产中获得收益。实际上,这并不是保险公司的运作方式。但如果我们将概念转换为卖出期权费用,我认为道理是类似的。

每月甚至每周系统地卖出期权的策略,试图从其投资组合的一部分中获得收入。收到的期权费是基于市场所认为的合适的风险价格。投资者希望每月获得一小部分收益。他们将抵押品存放在账户中,以防意外事件的发生。单个股票,就像单个司机,可能会因为与公司相关的新闻而更频繁地向上或向下变化或飞跃。就像保险公司将许多政策汇集在一起以降低风险一样,指数期权的卖方可以选择做空持有多家公司的大盘指数的波动率期权,从而降低单个公司带来的风险。

指数和公司都是根据其交易区间和相应的概率来评估的。预期波动的幅度越大,期权价格就越高。奈飞公司(Netflix)就是一个很好的例子。每当奈飞要发布业绩报告时,其股价在新闻发布会后都会大幅波动。如果奈飞一般以 35% 的隐含波动率进行交易（当然不是一直不变的），在业绩报告发布之前，波动率可能会大幅上升。我还记得几年前看到过，某次奈飞发布业绩报告后，其期权的 IV 飙升到 300%，第二天期权就停止交易了。这么高的百分比意味着 1 倍标准差变化约为 +/–19%。这是相当大的预期变化。保险公司每月会收取一个 16 岁的新司机更多的汽车保险费，因为他们驾驶结果的波动率会很高。

9.6 基于概率的期权售卖

你可能听说过基本面投资者和技术型交易员，对吧？关注资产负债表、盈利和估值的分析师更是基本面分析阵营的。技术人员使用图表和图形来描绘价格，并使用各种指标作为判断市场强弱的信号。概率交易是我们将关注的另一种方法。正如我们所见，概率是期权市场中的一个基于标的证券的波动率的函数。

期权的卖方希望卖出单个看涨期权和看跌期权或价差，以获得净收入。如果标的资产在到期日以价外价格收盘，则投资者就可以实现或保留收到的全部价格。投资者常常会使用信用利差，用于同时卖出一个执行价格的期权并买入另一个执行价格的期权，以锁定交易的收益和最大损失。

让我们考虑一下标准普尔 500 指数，它的期权有许多到期价格和执行价格。在 2017 年 8 月的任意一天，标准普尔 500 指数的价格

第 9 章 波动率是一种新兴的资产类型
Chapter 9 Volatility Is an Emerging Asset Class

水平为 2446 点,隐含波动率为 11.56%。我们可以看到指数下跌到各个看跌期权执行价格之下的概率是多少。这如表 21 所示——到期时(也就是 31 个日历日后),该执行价格的期权价值将为零。

可能出现的情况是,该执行价格的看跌期权到期时将一文不值。换句话说,当标的标准普尔 500 指数为 2446.00 点时,执行价格为 2150 点,距期权到期还有 31 天的看跌期权,有 97.42% 的概率到期无价值。由于卖出该期权的策略会收取期权费,如果期权到期时没有价值,那么全部期权费就是实际利润。图 57 显示了一个假设的价差交易,它基于当前的隐含波动率和还有 31 天到期这两个条件,盈利概率为 97.42%。

表 21 标准普尔 500 指数为 2446.00 点时期权以价外价格到期的概率

执行价格	以价外价格到期的概率
2500	15.02%
2450	48.52%
2400	71.35%
2350	83.73%
2300	90.26%
2250	93.99%
2200	96.12%
2150	97.42%

资料来源:德美利证券。

图 57　还有 31 天到期的标准普尔 500 指数的假设的价差交易头寸

这种交易不一定是基于策略规则的，但它提供给我们一个直观的假设示例，说明了做空波动率的交易仓位是如何在到期日开始亏损的。策略的目标是每个月从交出的抵押品中获得一定比例的收益。

虽然这一点非常重要，但是否应该出售这些期权完全是另一回事。标的资产的隐含波动率为 11.56%，意味着如果波动率突然增大了，同样的执行价格给投资者带来收益的可能性会大大降低。

想要在市场上卖出超额波动率收取费用的策略，需要大量的计算。费用是贵了，还是便宜了？基于模型的执行价格盈利概率是否低估了实际风险？当前市场的波动率偏斜是多少？这对费用有何影

第9章 波动率是一种新兴的资产类型

响?虽然做空波动率的策略可能比以往任何时候都更容易执行了(因为技术的进步),对投资者来说,最好的策略可能是能够提供良好的、系统的、有纪律的方法,并在调整现有仓位方面具有经验的。

普遍的想法是卖出有很高概率会成功的东西,每个月收取费用,并使用你饼图中的一小部分来做这样的事。

由于大多数投资者和机构都会做多市场,都可能寻求灾难保护,因此看跌期权的价格通常比看涨期权更高是有道理的。想想看,投资界的大多数人担心的是下跌保护,而不是在股票上涨太多时得到保护。投资者更倾向于买入看跌期权,卖出备兑看涨期权。关于备兑看涨期权为什么不是缓冲或对冲下跌的最好方法,我们稍后将简略说明。

通过价差交易卖出期权,可以在看涨方、看跌方或两方同时进行。后一种情况实际上是卖出看跌期权价差和卖出看涨期权价差的组合,也被称为铁鹰期权。但自 1987 年以来,标准普尔 500 指数等大盘指数的期权的偏斜,在离市场价格越远的地方越高。图 58 显示了 2017 年中期 30 天到期期权波动率的偏斜情况。

Y 轴表示隐含波动率的百分比,X 轴为执行价格。在标准普尔 500 指数位于 2445 点附近时,我们可以从图中看到,看跌期权的隐含波动率不但高于看涨期权,而且随着执行价格距当前价格越远,差距越大。对于卖出期权的策略而言,这意味着波动率的价值在下跌时比在看涨时更为强劲。如果股市重返持续的波动环境,或者如

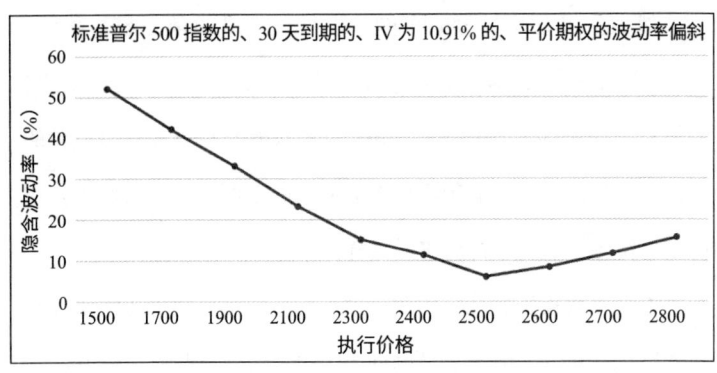

资料来源：德美利证券。

图 58　标准普尔 500 指数期权的波动率偏斜

果利率正常化，看涨期权价格有更大的机会涨回来。

从另一个角度来看，一般来说，卖出价外值很高的价外看跌期权比卖出同类型的看涨期权更容易。有趣的是，使用正态概率分布，价格并不会向任何一侧倾斜。但在现实中，下跌的一侧价格上涨，变得更高。在 1987 年后，2000 年的科技暴跌和 2008—2009 年的大萧条之后，许多策略都愿意为执行概率很低的价外价格很大的看跌期权案付费，以求得灾难保护。做空波动率的策略旨在卖出这些期权，从而获得月度收入。

9.7　卖出期权策略中的收益与风险

通常，出售亏损概率极低的期权看起来是一个安全的策略。真正的风险在于，无论多么不可能，做空波动率价差的策略都会有黑

第9章 波动率是一种新兴的资产类型
Chapter 9 Volatility Is an Emerging Asset Class

天鹅风险[1]。这是指市场中发生一些未知的异常事件的风险。做空波动率的策略可以使用一些杠杆,这就是为什么如果要在投资组合中使用这些策略,一定要控制好它们的额度,以妥善管理风险。这个策略通常的好处是,只用了资产的一小部分就有可能在市场向好时、横盘时和熊市时为投资者带来超额收益。该策略的风险会出现在当市场向你做空的头寸方向大幅迅速移动时。

做空波动率的策略,靠出售成功率较高的期权来获利,我喜欢它的原因是,它提供了一种在不同市场条件下都能产生收益的方法。从历史上看,那些与股票市场相关性很小、与利率市场几乎没有相关性的策略,本身就是一种分散投资。目标月收益率是长期的、系统的策略的结果,只是这种策略恰好使用了短期的期权工具来表达自己。

虽然有许多与波动率有关的策略,选择策略的关键之一是,它不仅仅是简单地做空波动率。相反,我们要更有选择性,有策略性地等待正确的进场点,这样可以进一步提高交易不被执行、平稳到期的可能性。

做空价差头寸受益于正的时间衰减,因为它们想要卖出期权获得收益,然后看着期权价值随着到期变为零。每过一天(即使是在假期市场关闭时),头寸就会失去越来越多的时间价值,对它们来说是件很好的事。

---

[1] 黑天鹅风险,即黑天鹅事件,指不寻常且难以预测的事件,通常会引起市场连锁负面反应。

波动率可能是一种新兴的资产类型，但它应该出现在新的饼图中。"对冲股票""做空波动率"以及在下一章中要讲的"缓冲股票"都是投资者可以用来产生收益、减小相关性、减小风险的方法。值得注意的是，期权策略需要大量的输入值、计算过程、规划和风险管理，以增加能够长期成功的机会。遵守进入和退出头寸的纪律至关重要，可以增加长期的投资组合收益。选择策略的标准中，最重要的是使用一种可以执行以上纪律的策略。

最后给大家一个关于做空波动率的策略的想法。这一块在饼图中的占比非常重要，可以帮助你在历史上不相关的各种市场环境中获得超额收益。这一类型的方法对投资组合是一个很好的补充，但必须根据最终目标正确地决定它的占比。

下一步

- 你的投资组合可以从另类收入策略中获益吗？
- 确定做空波动率的策略的合适的百分比。
- 评估一下投资经理是否一直在市场中进行交易，是否一直能保持纪律性和耐性。他们会挑进场时间来增加成功的概率吗？
- 把你的策略调整得更加有系统性。
- 做空波动率的策略带来的收入可以如何增加退休后收入？

第10章
使用复合产品构建有保护的仓位

期权和其他衍生品的出现,为投资者提供了开发复合股票头寸的能力,可以将风险的变化限制在某个风险图中。正如我们所注意到的那样,期权的交易量每年都在增加。前文介绍了它们在对冲和创造收入方面的作用,但它们还能设计一些策略来复制看涨头寸,综合地产生股息收入,或沿着风险图改变盈亏的规模和形状。

大约两年前,我决定将复合材料应用于家庭住房的景观绿化。我曾经居住的房子将景观绿化包括在每月的物业费内,而之后搬的新房子要求我自己动手做这些事情。为了维护草坪,我用了很多水,花了很多水费。随着季节交替,我需要种冬草,之后再种夏草。当然,每个月还要使用好多次割草机。是时候选择人造复合草坪了。你再也别想让我用割草机了!

我在院子里安装了人工复合草皮,它给我带来了比我想象的还要多的好处。家里的水费大幅下降了,不需要再割草或除草了。它全年都在那里,而且全年都是相同的绿色。我还需要一些时间才能达到收益点,但除了时不时地用水冲一冲,别的什么都不用做,真的太棒了。节省的机会成本是很值得的,而且最终确定性的成本也会被省出来。如果我把每个月可能雇别人来做这件事的钱也算进来，那么成本会更快地被省出来。

我保留了大部分的好处，但转移了下行风险，这个风险就是万一我需要比计划中提前些修整或更换人工复合草皮。我的波动率降低了，因为人工复合草皮基本上不会发生变化，除了偶尔需要注意肆无忌惮生长的杂草或碎片。

10.1 损益图

如果你在购买一只股票或 ETF 时不计佣金，一旦它的价格上升或下降，它就开始赚钱或赔钱。假设你购买 100 股股票，每股 100 美元，交易需要 1 万美元的资金。如果股票涨到 101 美元一股，你这个头寸就有每股 1 美元或总共 100 美元的未实现收益。同样地，如果股票下跌 1 美元，则该头寸有未实现亏损。理论上，做多证券的收益潜力是无限的，并且最多只会跌到零。从一个简单的只持有股票的风险图中，我们可以看到，随着价格走高，头寸收益增加，但如果股价下跌，头寸就开始有损失了（见图 59）。

图 59 的纵轴表示盈利或亏损的百分比，而横轴表示市场价格比进入价格高或低的百分比。图中的斜线画的就是标准普尔 500 指数 ETF（SPY）。使用这些图表的关键，是检查市场运动和损益百分比之间的交点。该图显示，刚刚买入 ETF 时，左侧盈利/亏损为 0% 的线与底部市场变化为 0% 的线相交。这是有道理的，因为你刚刚

第 10 章 使用复合产品构建有保护的仓位
Chapter 10 Synthetics to Build Positions with a Seat Belt

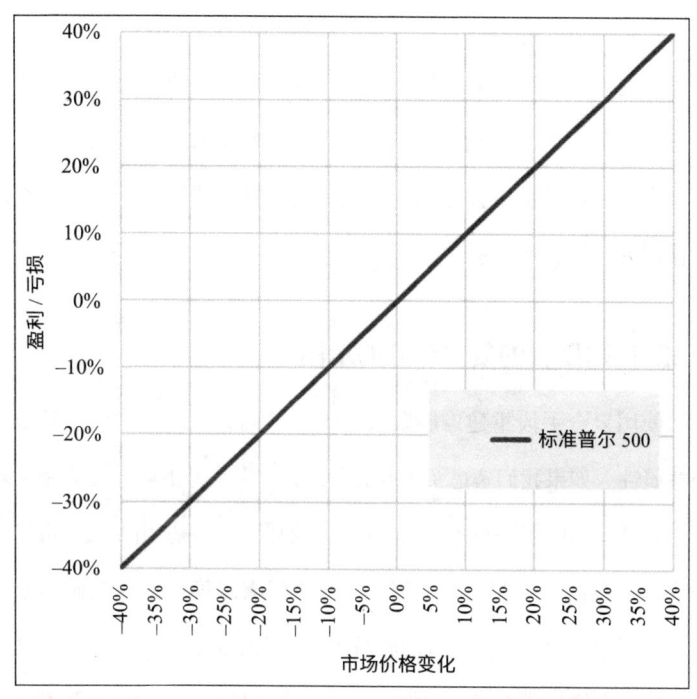

资料来源：ZEGA Financial。

图 59 标准普尔 500 指数 ETF（代码：SPY）的虚拟损益图

买入了证券，它还没有移动。

假设证券价格升高 10%，你现在要看这条线与下方 +10% 的市场变化的交点在哪里，然后看向左边，确定收益为 10%。这是一个很简单的例子。一些损益图在左侧使用美元金额而不是百分比。还有一些在底部使用价格而不是百分比。但无论采用何种方法，它们都能让投资者了解其标的资产头寸发生变化时，自己的盈亏状况或风险。风险图有时需要一点练习才能掌握窍门，因为你需要一直重新定位，当价格升高时，你需要沿着横轴向右走；反之亦然，当价格下降时，你需要沿着横轴向左走。这与那种价格走高会向上移动或价格走低会向下移动的图不同。正如我们将看到的，期权可以被用来合成一些不同的损益图的情况。这包括将风险从一种资产类别转移到另一种资产类别。

10.2 使用期权的复合头寸的示例

使用复合手段重建像股票或 ETF 头寸的方法之一是回顾其最大损益属性。如果我们考虑买 100 股股票，这个头寸的收益潜力是无限的，并且如果股票跌到零，损失最大。如果我们只想用期权来重建这个仓位，我们可以买入看涨期权同时卖出看跌期权。这么做的原因是，在到期之前，看涨期权的收益潜力是无限的，上涨收益减去进入期权的成本便是我们获得的收益。卖出看跌期权的最大损失和股票一样为零。即使股票在期权到期时已经毫无价值，看跌期权的卖方仍有义务以执行价购买股票或"被卖股票"。同时购买看涨期权和卖出看跌期权将构建一个复合的多头头寸。因为通常看跌期权的价格要比平价看涨期权的价格高一些，这种头寸一般与一只股票的损益图相同。图 60 在图 59 的基础上添加了一条代表复合多头头寸的虚线。

我们注意到，虽然由于在进入交易时，净金额提供了一点点的收益，但基本上它仍然含有几乎所有的下行风险。从这方面来说，它没有提供任何对冲或有用的缓冲。

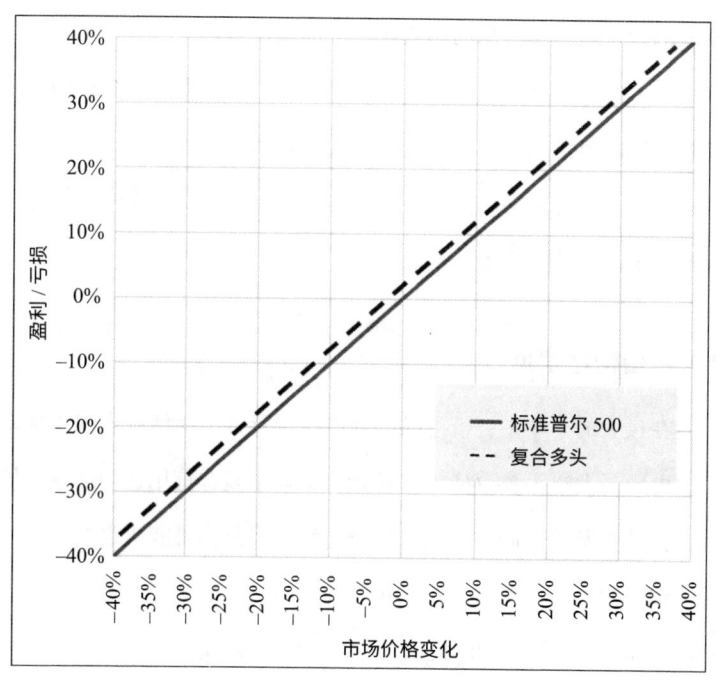

图 60 虚拟的复合多头头寸与做多股票的对比

10.3 能收取股息的复合期权

大多数时候，想要获得股息的投资者会去购买股票或 ETF。股息可能是月付或者季付的。从理论上讲，支付股息的股票，其标的价格会因支付的股息而减少，减少量为股息值。如果投资者的目标只是获取红利，他们也可以通过期权来构建这样一个头寸。股息是作为外在价值被包含在看跌期权的价格中的。如果你考虑现金流，那么投资者收到的股息是按照本段时间内的利率进行折现的。看跌期权的价格包含了股息的贴现价值。那么，如果我们想要构建一个复合头寸来获取股息，我们可能会使用一个卖出平价或溢价的看跌期权，同时再买入一个价外值较高的看跌期权的组合，以构建一个价差头寸。这种类型的头寸可以被包含在缓冲股票策略中，作为一种资金来源和风险替代。

10.4 结构化票据

在过去的十年中，衍生品的叠加在投资者的谈话中出现得更多了。电影《大空头》(*The Big Short*)强调了复合信用违约债券和抵押支持证券及其不同的层级。信用违约互换是你可能听说过的另一个术语。我不是在对这些产品进行评论，而是表达一种观点，即现在衍生品在投资领域中的使用比以往任何时候都多。

有些人可能听说过结构化票据，它通常只提供给机构客户或高净值个人投资者。传统意义上，结构化票据是利用不同资产类别的衍生品创造的，它具有目标收益率和保护机制。金融机构可以构建收益结构不同的产品。有些产品的收益有上限，作为收益上限的交换，它们也限制了下行风险。

个人投资者面临的挑战是能否买到这些产品，不过我的猜测是，随着越来越多的这种产品以某种形式被提供给市场，情况会有所改变。但结构化票据在本质上往往是不透明的，因为除了损益和风险结构外，我们可能不会知道它们的确切头寸。流动性也可能是一个问题，因为它们不像股票有不断更新的买价和卖价并可以被出售。结构性票据并不那么容易被出售，因为它们不在公开市场上交易。

我们想一下结构化票据产品的特点，它可能有固定的持有期或到期日。最大的上涨或下跌可能在交易结束之前才会知道。结构化票据的问题在于，与经纪账户中持有的个人的头寸不同，持有票据意味着需要依赖发行该票据的机构的信用。这是史无前例的大萧条时期的一个问题，当雷曼兄弟宣布破产的时候，持有他们票据的投资者损失惨重（Braham，2013）。

这些产品很有意思，因为它们的目的是使用多种资产类别的组合，将主要风险转移至波动较小的一方，同时利用杠杆在上涨时创造外部收入。那么，如果你能利用它的优点并消除它的缺点，会怎么样呢？

10.5 缓冲股票策略

缓冲股票策略是在参与或超越上涨的同时，为下跌中的一大部分提供保护。与结构化票据不同的是，它在投资者账户中建立的投资组合的头寸是可见的，因此它提供了真正的透明度。股票敞口是使用期权复合、沿着损益图的风险和收益点构建的。它所创建的股票下跌缓冲可以暂停或移除一大部分下跌损失，直到标的指数跌穿某个值。一般而言，它使用的期权的期限较长，从 18 个月至 36 个月不等。与不具流动性的结构化票据不同，由于它们使用的所有头寸都是有高流动性的期权或 ETF，所以它们可以被交易出去。

头寸的另一部分是由持续时间较短的固定收益类 ETF 组成，这种基金会持有它们的产品至到期日。虽然许多人认为债券能够提供收入或降低投资组合的风险，缓冲的指数策略中的固定收益类产品作用更多，它们可以作为构建复合期权头寸的一个资金来源。根据投资者的目标，期权合约和短期固定收益类产品的组合，可以基于投资者的态度和风险来塑造损益图。

我使用的缓冲策略包括几种不同的损益状况。例如，在图 61 中，我们可以看到，与仅仅持有标准普尔 500 指数 ETF（SPY）相比，缓冲的头寸的股票部分的损益图是什么样子的。

图 61 中的风险图表示到期时的盈利和亏损。一旦价格低于初始成本，SPY 就开始亏损，但复合多头股票头寸建立的目标缓冲在标标准普尔 500 指数跌破 25% 之前，都可将亏损暂停在零。从这一点开始向下，亏损开始加速，直至达到 30% 的最大值。该策略的设计初衷，是要在股票风险图上的所有点上都跑赢标准普尔 500 指数。在指数上行时，策略的目标是涨幅超过标准普尔 500 指数。这就是杠杆起作用的时候了。

你可能会问，它的缺点是什么呢？首先，它仅代表了做空看跌期权价差和做多看涨期权的组合在到期时的损益目标。虽然这些都是可以随时平仓的流动资产，按照设计，它们必须被持有至到期，直到头寸自开始之日起到 18～36 个月后到期时。如果投资者需要

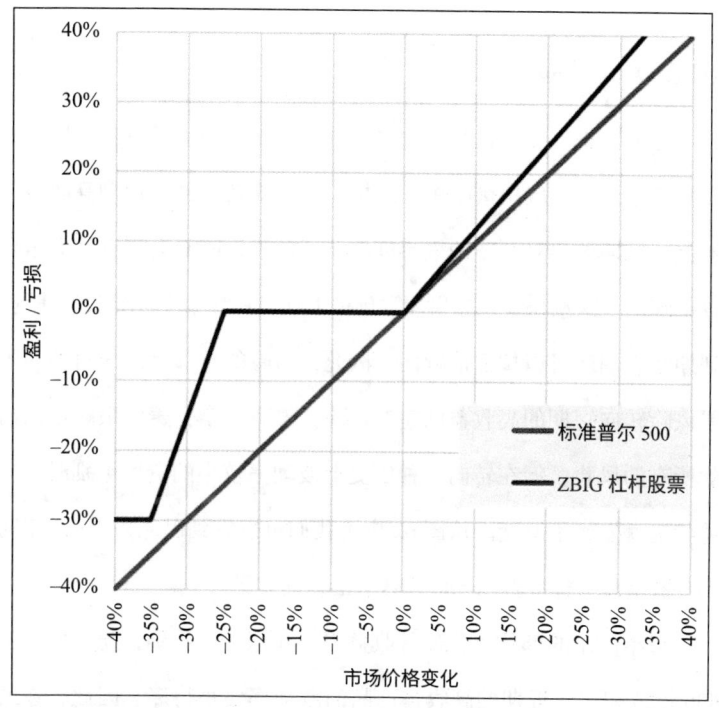

资料来源：ZEGA Financial。

图 61　ZBIG（ZEGA 缓冲指数增长）杠杆股票成分的损益图

提前平仓，他们的实际收益和损失可能会有所不同。该策略的另一方面是，账户中很大一部分是短期的、高收益率的固定收益类头寸，它们要被持有至到期日。这部分投资每个月将以股息的形式为投资者提供现金流，这些现金流是一个小百分比的收益目标，甚至可能在 0%～25%，也就是产品的目标缓冲区域。它也有助于购买多头头寸并卖出期权。

10.6 风险转移

有史以来，股票的波动率或标准差就比固定收益类产品要高。在我使用的缓冲股票策略中，我把股票风险转移到了短期高收益债券上。短期债券对利率的敏感度较低。此外，ETF 会持有债券组合直至到期。这意味着，如果债券价格下跌，只要单个债券没有违约，到期时它们就可以按面值赎回。因此，风险的转移是从未对冲的股票风险转向短期的高收益的违约风险。没有一个完美的策略可以消除所有的风险。但在转向一种历史上波动率较小的资产类别时，损益状况就发生了改变。从图 62 中，我们可以看到巴克莱 1~3 年期高收益指数与标准普尔 500 指数标准差的差异。

每年使用的都是年化的月收益率。我们可以看到，与标准普尔 500 指数相比，近期的高收益产品的波动率要小得多。因此，你最终拥有的将是近期的、高收益的基础资产与复合的、使用杠杆的股票多头的组合。

10.7 股票风险

使用缓冲指数策略时，随着标准普尔 500 指数的下跌，它开始遭受损失的目标区域是指数跌幅超过 25% 之处。于是，问题自然产生了。市场跌破这一水平的频率是多少呢？图 63 显示了 1928—2016 年标准普尔 500 指数的总收益率（包括股息）。

第 10 章 使用复合产品构建有保护的仓位
Chapter 10 Synthetics to Build Positions with a Seat Belt

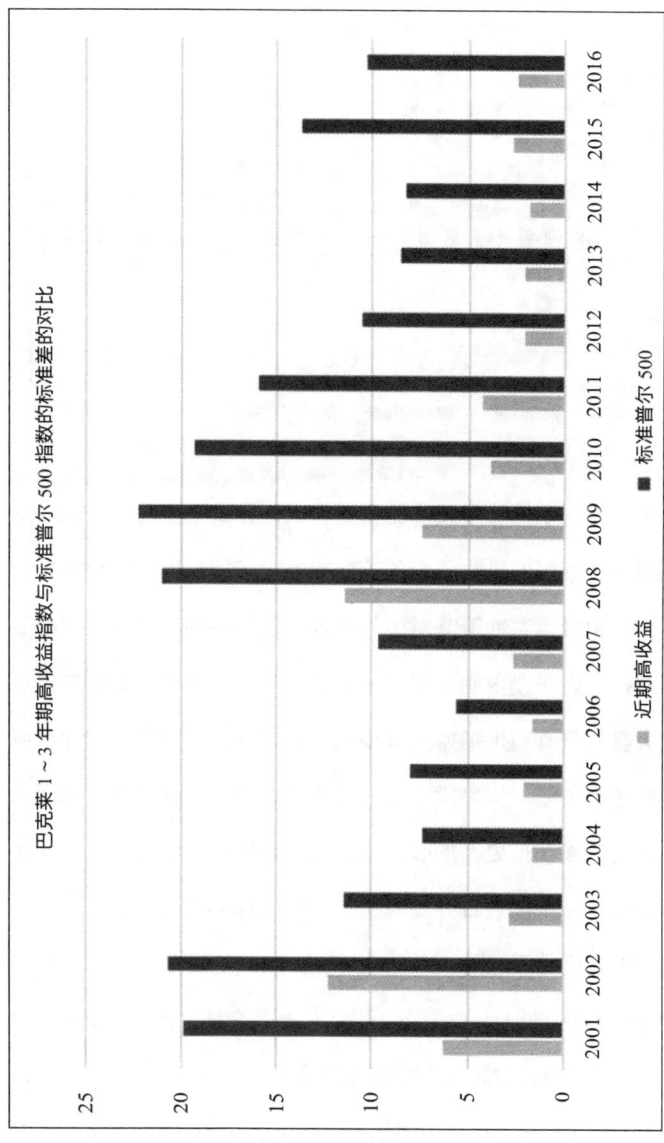

图 62 近期高收益指数与标准普尔 500 指数（SPX）的年化标准差对比

资料来源：晨星公司。

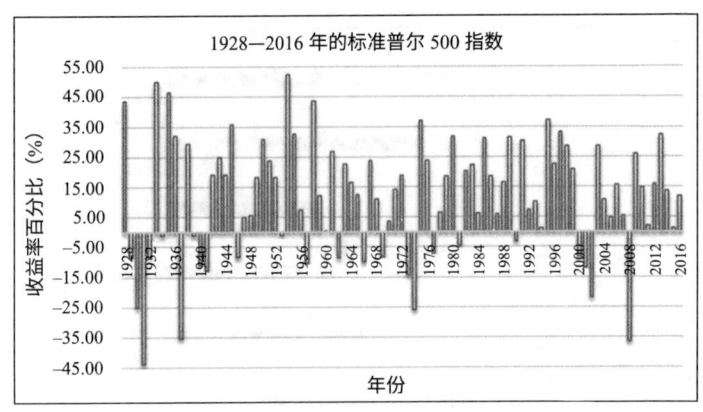

资料来源：纽约大学斯特恩商学院教授埃斯瓦斯·达莫达兰。
图 63 1928—2016 年标准普尔 500 指数的年度总收益率

对于已经在承担股票风险的投资者，为什么不使用一个能够提供下行缓冲和不同的风险状况的策略呢？对于接近退休年龄的投资者来说，使用股票对冲策略对他们来说可能更有利，因为该策略能够给下跌损失设一个限制。但对于其他人来说，拥有一个缓冲也可以跑赢大盘；只有当市场抛售量很大、股票价格跌穿目标缓冲区域时，缓冲才会失效。如果投资者的投资组合中有多种策略，他们能在市场好的时候获得更高的收益率，这也帮助抵消亏损或对冲的成本。可能会有一个配置百分比对所有策略来说都合适，在这个点不同策略的风险状况都不同。

缓冲的策略能够暂停一部分下跌，但不是全部。在与投资经理讨论缓冲指数策略时，他将这个方法类比成了系安全带。通常安全带在事故中为人们提供缓冲以避免受伤，但如果事故很严重，安全带也无

第 10 章 使用复合产品构建有保护的仓位
Chapter 10 Synthetics to Build Positions with a Seat Belt

法阻挡每次的伤害。但系上安全带就能给人提供一个缓冲,所以如果你无论如何都要开车,为什么不系上呢?那些饼图中包含股票的投资者,为什么不系上投资的安全带呢?

期权的好处在于,可以通过调整它们以在不同水平参与上行和下行。虽然带杠杆的缓冲策略有一定的风险,但我也会在适当的时候使用其他版本。图 64 是一个标准的缓冲股票策略的例子,它显示了与简单地做多标准普尔 500 指数的损益图的对比。

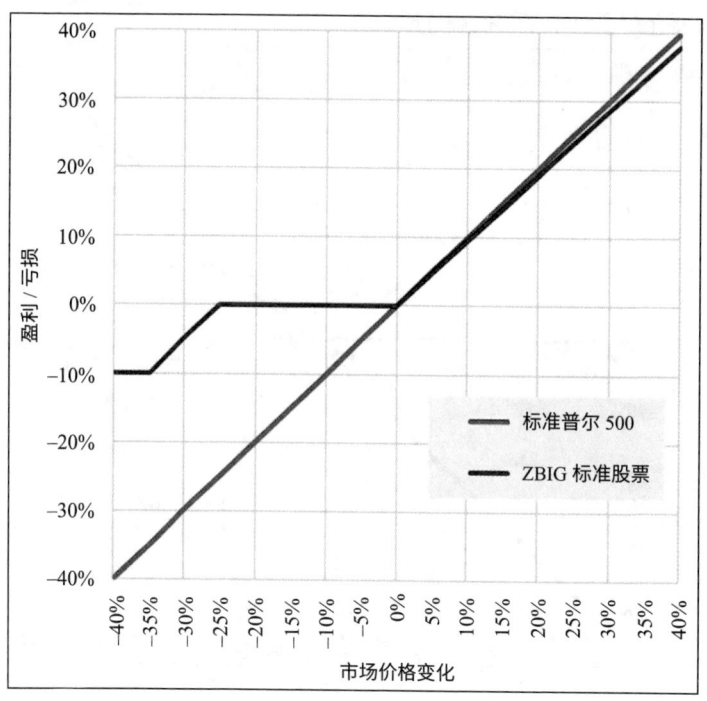

资料来源:ZEGA Financial。

图 64 ZBIG(ZEGA 缓冲指数增长)标准股票损益与标准普尔 500 指数的对比

正如你所看到的，目标股票的下跌缓冲点仍在 –25%，但最大下跌损失的目标为 –10%。这个版本的不同之处在于它在上行时的表现。请注意，这条曲线跟踪标准普尔 500 指数，但变得比指数稍慢。这是对较低的下行风险的折中。这个策略也包含了短期高收益产品作为基础产品。

对于风险倾向较低或者无法使用更高级的期权策略的账户，另一个版本可能更合适。在 ZBIG IRA 缓冲指数增长策略中，目标股票的下跌损失被进一步缩小，同时仍然保有一部分上涨空间。图 65 简要介绍了该策略的损益目标。

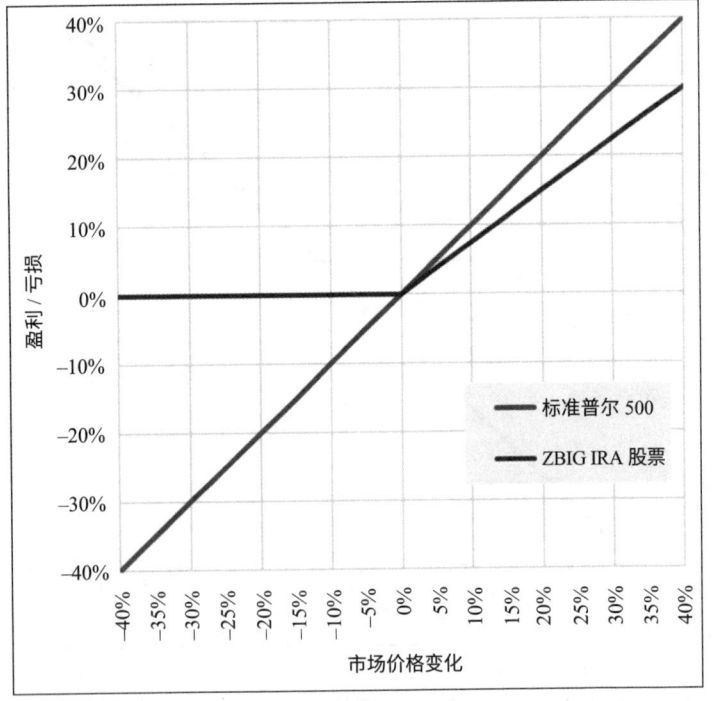

资料来源：ZEGA Financial。

图 65　ZBIG（ZEGA 缓冲指数增长）IRA 股票成分的损益图

10.8 缓冲股票策略对风险调整后收益的好处

正如我们将在下一章中介绍的，评估策略和基金的方法之一是风险调整后收益。这一点我们以后再说，但通常流行的比率包括标准差、收益率和一些无风险利率。在某些情况下，上下波动会使测量结果不准。在其他情况下，只有下跌收益才会使指标不准。在我看来，缓冲投资之所以能在现代化的投资组合中占有一席之地，原因就是它让投资者有机会避过一些不好的时间，但同时也能抓住好的机会。它对风险调整后收益来说是一种很好的补充。

这种类型的策略并不仅仅局限于美国的大盘股。如果投资者的目标是进入新兴市场或欧洲发达的证券市场，相同的复合期权框架和固定收益类基础资产的组合，也可以给他们带来缓冲的风险敞口。我们之前讨论了目标日期基金，以及它们如何在人们接近退休年龄时，将资产调整到固定收益类配置中。这些缓冲指数增长策略的目的，是从一个高收益固定收益类组合的波动率中获益。此外，ETF的期限可能较短，因为其内部债券只能持有至到期日。假设在没有违约发生的情况下，持有至到期日的债券应当返还其票面价值。这是有好处的，因为即使债券的价值有所波动，在某个时刻它还是会回到面值。

最后，这个策略的另一个好处是灵活性。如果市场跌得太低或涨得太高，那么，因为它们是流动性高的产品，策略还有调整的空间。就像投资一样，没有什么是肯定的。但是，使概率朝着对投资者有益的方向发展，可以帮助他们实现自己的退休目标。

10.9 备兑看涨期权无法为投资组合带来实质性的对冲或缓冲

我想解决的一个问题是，人们相信，卖出备兑看涨期权，可以为投资组合提供实质性的保护或对损失的真正缓冲。备兑看涨期权，是卖出你已经持有的股票的看涨期权。这种交易也可以被称为 Buy Write 交易。当你卖出一个看涨期权时，作为卖方，你有义务以卖出的执行价格交付股票。这个交易被人们认为是有担保的，因为它不像无担保的看涨期权，需要卖方进入公开市场买入股票。如果被执行，备兑看涨期权只是直接将账户中已有的股票进行交付。

在我为投资者做演讲的这些年里，我多次想起观众说，他们正在利用备兑看涨期权来对冲自己的头寸。或者他们相信，卖出备兑看涨期权获得的费用，可以给他们创造一个真正的缓冲。现实情况是，从看涨期权中收到的费用可以增加收益，但通常它们不够高，无法提供上述类型的缓冲。以价格为 247.50 美元的 ETF（SPY）为例，如果你选了一个期限稍大于一年的期权，多卖了 10% 的价格，你只能收到大概 1.2% 的收益，而且你把你上涨时的收益限制住了。如果标的的价格上涨 20%，你只能产生 0.002% 的收益。出售备兑看涨期权获得的收益，根本不会提供给你任何下跌保护或缓冲。考虑到市场年收益率的历史标准差略高于19%，标的价格很可能会高于这个水平。

10.10 白天鹅风险

在上一章中，我们讨论了黑天鹅风险。但对于备兑看涨期权的卖方而言，他们可能会限制自己的上涨空间。备兑买入策略通常是初出茅庐的期权投资者最先学会的东西之一。部分原因是它们很容易理解。但风险是会错过大部分的上涨，而不是大幅下跌。事情往往是这样的。备兑看涨期权被卖出，执行价格可能与当前股价十分接近。原因在于，为了获得可观的费用收入，备兑看涨期权必须以平价出售。在自2008—2009年以来的低波动率和低利率环境中，情况尤其如此。

标的股票的价格超过备兑看涨期权的执行价格后，利润会被限制，从而导致投资者错过了一轮不错的行情。然后，他们第二年试图将备兑看涨期权的到期时间向后滚动并将其执行价格拉高，但股票仍在走高，因此他们会继续错过行情。与被认为是意料之外的黑天鹅风险不同，白天鹅风险是清晰可见的。就像探险家知道到处都有白天鹅一样，投资者也知道股票会上涨。信不信由你，市场在上行时超过历史标准差的次数比你想象的更加频繁。请看图66，该图显示了1928—2016年标准普尔500指数总收益率超过20%的年份。

卖出备兑看涨期权，需要比许多人想象的更多的技巧，需要对期权的希腊值进行分析和监控，以确定何时将合约向后滚动。期权的滚动是买入备兑看涨期权以平仓，同时卖出一个到期时间更晚的备兑看涨期权的过程。这个策略的管理可能比最初设想的更耗时，而且往往被认为是保护的东西最终会成为令人头痛的问题，因为损益可能会被限制在不合适的地方，然后错过一部分收益。

图 66 显示了多年来市场突出的上涨表现，这是令人振奋的。尤其是从某些缓冲指数策略的角度来看。这些策略参与了大部分或较多的上涨行情。投资者是希望能够参与上涨行情的，只需要给他们加一个缓冲。他们也确实需要增长，但不想以没有下行保护为代价来实现增长。有了期权，可能性会更多。未来，饼图可能会有股票敞口，但这些产品会有转移风险的属性。

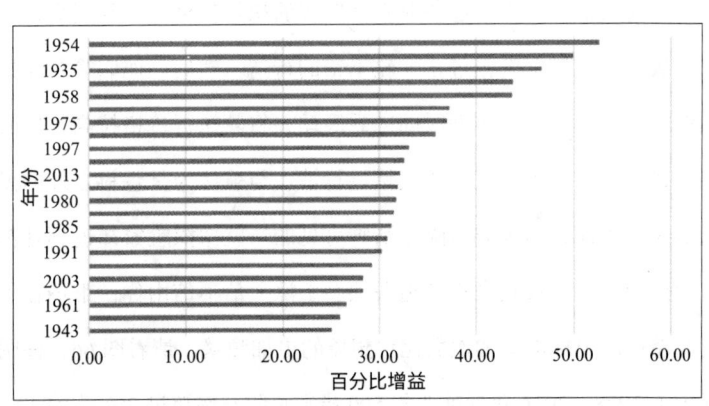

资料来源：纽约大学斯特恩商学院教授埃斯瓦斯·达莫达兰。

图 66　1928—2016 年标准普尔 500 指数总收益率最好的年份

第10章 使用复合产品构建有保护的仓位
Chapter 10 Synthetics to Build Positions with a Seat Belt

下一步

- 当前投资组合的损益风险图会是什么样子的?
- 拥有一个股票下行缓冲会怎样增加你投资的信心?
- 使用一个复合的股票策略会怎样帮助你战胜恐惧?
- 在市场上涨的年份获得超额收益会帮助你实现你的目标吗?
- 回顾你当前投资组合的敞口。你觉得持有带缓冲的国际市场和新兴市场产品可以给投资者带来好处吗?

第11章

风险调整后收益很重要

你有多少次在电视上听某位专家说,某只共同基金或ETF在过去几年里跑赢了标准普尔500指数?人们对自己是否跑赢了某一指数这件事开始变得着迷。这种比较是很自然的,因为跟随总体市场变化是比较容易的。问题在于,标准普尔500指数是由美国的大型股票组成的。当然,许多公司都有大量的海外市场敞口,但该指数确实只代表这些公司。因此,通过投资单个公司或基金投资于大盘股的策略,可能会与类似的产品进行比较。

投资于某一特定领域的公司或基金,然后把标准普尔500指数作为基准进行绩效的比较,这种做法就没什么道理了。如果一个投资者持有一篮子新西兰的房地产公司的股票,它们的风险状况和标准普尔500指数完全不同。如果这一篮子指数的表现好于标准普尔500指数,并不意味着它跑赢了基准指数,因为标准普尔500指数并不是一个合适的基准。相反,这仅仅意味着新西兰的房地产股票作为一种资产类别表现得更好。

主动管理因没有带给人们高于相应指数的收益而饱受抨击。在正相关性较大的时期,被动追踪指数的策略往往更难被超越。在相关性很低的时期，两种策略的差距更大。然而，事实仍然是人们只关注他们的投资产品是否比主要市场指数表现得更好，并以此来判断投资的成败。持有 60% 的美国大盘股和 40% 的美国 10 年期国债的投资组合，不应与标准普尔 500 指数相比较。

许多投资组合的收益评估方法希望了解投资者经历了什么样的波动，来达到他们想要的目标。多年来，我经常因工作出差，这带给了我很多将航空旅行和投资对比的故事。我记得有一次，我不得不在一个月内两次往返于亚利桑那州的凤凰城和佛罗里达州的迈阿密。这两次飞行经历简直是天差地别。起飞时间相同，航班号相同，航线相同，而且机型也相同。第一次，航班很准时，飞行也很平稳。而我坐这个航班的第二次，遭遇了下午的雷雨，似乎全程在雷雨中飞行。我们一路上经历了许多次的颠簸，安全带的信号灯就没有关闭过，在大部分时间里，出于安全考虑，空乘都被机长要求坐着。两架飞机都在相同的时间内把我们从 A 点带到了 B 点，但我想说的是，我们第二次的飞行经历了相当多的波动。如果有一个风险调整后的航空飞行比率，第一次飞行绝对会胜出，虽然两次我们都是去同一个地方。这就是公式的意图，它们试图捕捉获得所提供的投资收益的过程有多么疯狂。

11.1 风险调整后收益

一个更好的方法是评估收益与风险的关系。产生的收益是否与退休前和退休后投资者需要的资产增长相一致？收益是否提高或降低了资产实现目标的可能性？当然，那些即将退休的人，绝对不希望自己的投资组合的价值出现大幅摆动或下行波动。学会计算你的风险调整后收益和潜在的投资策略的风险调整后收益，将有助于过滤很多噪声。学习专注于正确的事情，将有助于你专注于自己的目标和愿望，而不仅仅是在上个季度有最好的收益率。

如果你问大部分投资者，他们是否会享受投资产品价值的剧烈波动，他们可能会回答：不会。以最小的风险获得最高的收益，这在投资策略中很少出现。风险调整后收益背后的前提是量化几个因子，这些因子试图评估的不是哪种策略在一段时间内的收益百分比最大，而是最好的风险调整后收益。假设一个策略的平均年化收益率为10%，另一个为12%。如果没有任何其他信息，人们可能会认为收益率为12%的策略更好。但如果我告诉你，10%收益率的标准差是11%，但12%收益率的标准差是20%呢？后一种策略收益率的波动率更大。因此，从理论上讲，即使年化收益率较低，第一种策略也有更好的风险调整后收益。

在评估产生收益要承受哪些风险时，专业人士使用了许多财务指标来量化业绩。它们也有缺点。例如，正如我们讨论的用多年的历史收益率来推测未来的结果一样，高级的风险分析可能只会让投资者了解到一种方法在过去的表现如何。长期的历史收益可能不会让投资者在退休前的10年这一较短的时间内有确定性的预期。它们

第 11 章 风险调整后收益很重要

也不会根据不同的利率环境进行调整。不是我们稍后要讨论的无风险利率，而是高利率和低利率会如何影响资产类别和未来收益。尽管有这些缺点，用一些方法分解和观察风险调整后收益可以帮助投资者了解其投资组合是如何跟踪（指数）的。

许多流行的比率，都是以某种形式使用了一段时期内的平均收益率、这个平均值的标准差以及无风险收益率。标准差是用来告诉我们某一个值可以向上或向下偏离平均值的程度。

提醒一下，标准差衡量的是数值相对于其平均值的变化程度。收益率的标准差越大，它的值高于或低于平均值越多，反之亦然。标准差与百分比收益一起使用的原因是，它代表了投资者需要在过山车上乘多久才能实现他们想要的收益。如果理想的结果是以最小的波动量或风险获得最大的收益，那么许多市场参与者会转向比率以确定一个策略的风险调整后收益是多少。

想想夏天的天气。如果一个城镇某一天的气温为 99 华氏度，第二天为 101 华氏度，那么这两天温度的总和为 200 华氏度。平均温度为 100 华氏度。其标准偏差为 1。现在想想另一个小镇，他们第一天的温度是 80 华氏度，第二天是 120 华氏度。与第一个城镇相比，这里的气温波动相当大。然而，气温总和仍然是相同的 200 华氏度，平均值也是相同的 100 华氏度。但标准差要高得多，等于 20。与第一个城镇相比，第二个城镇的气温波动更大。

如果我们直观地看图 67 中投资组合 A 和投资组合 B 之间的走

势对比，我们可以看到其中一个比另一个有范围更大的波峰和波谷。其中一个的波动率比另一个大得多。但是，基于风险调整后收益的比率，哪一个更好呢？

为了保持简单，在研究一些例子时，我们将假设我们正在评估年度收益。如果使用的是每周或每月的数据，我们需要额外的步骤来将其年化。在表 22 中，我们使用了来自图 67 的 10 年收益率序列作为例子。将收益率相加后除以年数，我们可以得到平均收益率。你可以借助 Excel 表格轻松地输入这些数据，并让它自动计算平均值和标准差。收益为负的年份被特别标了出来。

这两个投资组合的平均年收益率和标准差分别为：

- 组合 A：平均年收益率 7.52%，标准差 18.02%

- 组合 B：平均年收益率 6.65%，标准差 6.68%

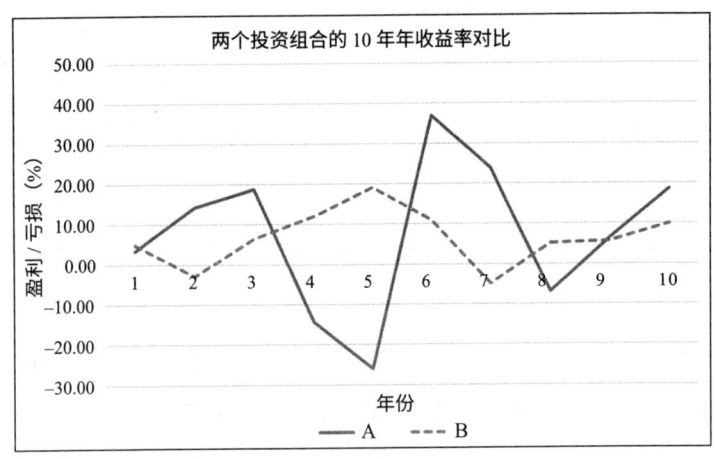

图 67　两个投资组合 10 年年收益率的视觉波动对比

表 22　两个 10 年期投资组合的假设年收益率

年份	投资组合 A 的收益率	投资组合 B 的收益率
1	3.56%	5.00%
2	14.22%	-3.00%
3	18.76%	6.54%
4	-14.31%	12.00%
5	-25.90%	19.03%
6	37.00%	11.00%
7	23.83%	-5.00%
8	-6.98%	5.20%
9	6.51%	5.70%
10	18.52%	10.00%

11.2 夏普比率

虽然投资组合 A 的平均收益率较高，但如标准差所示，其波动率也较大。量化哪个投资组合的风险调整后收益更高的一种方法是使用夏普比率（Sharpe Ratio）。夏普比率越高，风险调整后收益越高。当比较多个投资组合时，夏普比率最高的投资组合被认为是最优的，至少在风险调整后的规模上是如此。

夏普比率是一个被广泛使用的衡量标准，来衡量风险调整后收益。其输入值包括收益率百分比、标准差和无风险收益率。一个好的无风险收益率的值是 3 个月期的美国国债利率。无风险利率之所以重要，是因为它代表了投资者在不承担任何风险的情况下所能获得的收益。如果一项投资不能获得高于无风险利率的收益，那么它就没有什么价值，因为为什么要冒额外的风险呢？

理论上，美国国债被认为是无风险的，因为它们是由美国政府的信用所支持的。而且财政部可以随时增加货币供应。在我们的例子中，我们将假设无风险收益率为1%。如果你要评估实际收益或某段时间的收益，使用历史无风险收益率或所研究时段的某种平均收益率是很重要的。

要计算夏普比率，我们需要：

- 年化收益率
- 无风险收益率
- 年收益率的标准差

夏普比率=（平均收益率-无风险利率）/标准差

投资组合A：(7.52%-1%)/18.02%=0.36

投资组合B：(6.65%-1%)/6.68%=0.85

尽管投资组合B获得的平均年收益率比投资组合A低0.87个百分点，但因为标准差要小得多，根据夏普比率，它产生了更高的风险调整后收益。这种类型的计算关注的不仅仅是绝对收益，而是使用标准差或大数据来表示风险。但它也有缺点，因为它只能评估过去的业绩，可能不会考虑到或预见到策略中尚未实现的

第11章 风险调整后收益很重要

潜在风险。夏普比率面临的另一个挑战，是如何把超额正收益计入模型。

如果我们有一屋子距退休还有10～15年左右的人，并问有多少人可以接受巨额损失，我想不会有很多人举手。然而，如果我们问，有多少人愿意看到明年出现高于正常水平的巨大收益，除了那些无论问题是什么都拒绝举手的人之外，每个人都应该会举手。如果出现了市场超额上涨的一年，夏普比率在计算标准差时，对待上涨和下跌是一样的。因此，除非平均收益率的增量足以克服标准差的增量，否则风险调整后收益最终可能会更低。在表23中，我们将使用之前的投资组合B的数据点，但添加了第11年的年收益率+60%。

平均年收益率从6.65%跃升至11.50%，标准差也从6.68%增加到16.61%。别忘了，我们的风险调整后收益率也就是夏普比率为0.85。

这很有趣，因为现在投资者的投资组合中有了更多的钱，并在第11年享受到了60%的巨大正收益。然而，夏普比率从0.85降至现在的0.63，表明由于增加了这个巨大的额外上涨，风险调整后收益变差了。大多数投资者可能会张开双臂欢迎这样的年份。然而，还有另一种比率，它不会对超过预设的最低收益率门槛的上行波动进行惩罚。

表23　10年期投资组合B和11年期投资组合B.2的假设年收益率

年份	投资组合B的收益率	投资组合B.2的收益率
1	5.00%	5.00%
2	−3.00%	−3.00%
3	.54%	.54%
4	12.00%	12.00%
5	19.03%	19.03%
6	11.00%	11.00%
7	−5.00%	−5.00%
8	5.20%	5.20%
9	5.70%	5.70%
10	10.00%	10.00%
11		60.00%
平均年收益率	6.65%	11.50%
标准差	6.69%	16.61%
夏普比率	0.85	0.63

11.3 索提诺比率

索提诺比率（Sortino Ratio）与夏普比率不同，因为索提诺比率设定了一个最低可接受收益率，任何低于（更差）的收益率则被计入标准差。但如果收益率等于或高于最低可接受收益率，则不会计入或将其设为零。在这种方法中，超额正收益不会增加标准差。通过只在标准差中使用下行偏差，它只惩罚了那些被认为是不可接受的收益率，并且将其低于可接受收益率的规模计入。我们来看之前的投资组合 B 的例子和随后的第二个例子,即在投资组合 B 的基础上加上有超额收益率的一年,来了解索提诺比率是如何计算和变化的。

要计算索提诺比率,我们需要以下各项:

- 平均年收益率
- 收益率的总个数
- 最低可接受收益率或 MAR
- 低于 MAR 的值

这个计算比较复杂一点。好消息是,有许多线上资源可以帮助你完成这项工作,我们也会尽力为你简化这个过程。使用 Excel 表格可能更好,因为许多公式都可以编到单元格中。你做一些数学运算会发现,公式是:

索提诺比率 =(平均收益 – 最低可接受收益率)/ 下行偏差

关于下行偏差要提一下。我使用的是低于 MAR 的收益率,并将任何大于或等于 MAR 的收益率的偏差值计为零。稍后再详细介绍下行偏差,但我喜欢这样做,因为如果低于 MAR 的频率越低,得到的奖励越大。

MAR 是投资者认为可以接受的一个值或门槛,任何低于该值的收益率都算是表现不佳,差距就是 MAR 与它之差。这个数字不是预先确定的,而是由用户选择的。只想惩罚下行偏差的人可能会选择 0% 作为最低收益率,其中任何负收益率均将被计入。可接受的收益要么不计入、不用于计算下行偏差,要么被赋值为零。

只选择低于零的负收益率是一个让事情变得简单的很好的选择。事实上，我们将在我们的例子中使用 0%。但其他人可能会选择像无风险收益率之类的指标作为可接受的门槛。如果一个人有他认为必须达到的收益率，比如说 4%，那么这就可以是 MAR 的值。

在表 24 中，我们有 10 年期投资组合 B 和 11 年期投资组合 B.2。此外，我们还列出了低于可接受的最低平均收益率（0%）的收益率。

表 24　两个投资组合的索提诺比率对比

年份	10 年期投资组合 B		11 年期投资组合 B.2	
	收益率	收益率 <MAR	收益率	收益率 <MAR
1	5.00%	0.00%	5.00%	0.00%
2	−3.00%	−3.00%	−3.00%	−3.00%
3	6.54%	0.00%	6.54%	0.00%
4	12.00%	0.00%	12.00%	0.00%
5	19.03%	0.00%	19.03%	0.00%
6	11.00%	0.00%	11.00%	0.00%
7	−5.00%	−5.00%	−5.00%	−5.00%
8	5.20%	0.00%	5.20%	0.00%
9	5.70%	0.00%	5.70%	0.00%
10	10.00%	0.00%	10.00%	0.00%
11			60.00%	0.00%
个数		10		11
平方和		0.0034		0.0034
平方和平均值		0.00034		0.000309
平方和平均值取平方根		0.018439		0.017581
索提诺比率		3.605127		6.541159

第11章 风险调整后收益很重要

对于任何大于或等于0%的收益,我们只需将其赋值为0%。计算两个投资组合的索提诺比率的中间步骤的计算结果也被列出来了。整个计算过程需要以下几个步骤。

首先,你要算出每个投资组合的平均年收益率减去目标收益率的值。因为我们选择了0%,这一步就不像选择4%或其他数字那么重要了。在这种情况下,你要用平均年收益率减去MAR,然后除以我们示例中的期数或年数。投资组合B的这个值为6.65%(平均年收益率-MAR),而投资组合B.2经四舍五入后结果为11.50%。

接下来,如果你查看标为收益率<MAR这一列,你需要对每个数进行平方,然后求和。Excel中的SUMSQ函数能使你轻松地执行此操作,得到的平方和如表24所示。两个投资组合的这个值是一样的,因为它们表现不佳的年份相同。

然后,你要计算所有低于MAR的平方收益值的平均值。请注意,一旦你得到平方收益值,你要把它除以年数。由于第一组收益年数为10,第二组为11,所以两组的平方和平均值不同。在这个索提诺比率计算的例子中,我们会将0%以及任何下行负收益率包括进来。任何一年的值都没有被遗漏。

表24中也列出了这一点。然后取结果的平方根。最后一步是用平均年收益率高于MAR的部分除以平方和平均值的平方根。

投资组合B的索提诺比率为3.61,投资组合B.2的比率更高,也更好,为6.54。在完成这些步骤之后,你可能已经忘记了,在夏普比率的计算中,当我们添加了第 11 年 +60% 的收益率时,夏普比率下降了,尽管加入的是超额收益的一年。这是因为连很棒的正收益率都被包括在标准差的计算中了。因为索提诺比率只使用低于 MAR 的收益率,并将其他的值设为 0%,所以它不会把上行偏差视为同负值一样。与下行相比,多数投资者会欢迎上行波动和正向偏离。减小下行程度或者限制其规模,可以对投资组合产生长期的积极影响。

以下是关于计算索提诺比率的简短说明。当我在一大群人面前展示它的计算过程的时候,我被问到过几次,是应该仅使用下行偏差的时期个数,还是应该使用下行偏差时期个数加超过 MAR 门槛的时期个数?在这种情况下,正如我们在上面所做的那样,我们会将超过 MAR 门槛的时期赋值为 0%。我之所以包括所有的时期,是因为如果你把高于 MAR 的收益率和低于 MAR 的收益率都包括在内,那么下行收益时期频率较低的情况会获得奖励。在计算这些比率并比较策略时,使用相同的方法是十分重要的,这样可以进行同类比较。

记住,这些类型的比率可以输入历史数据并评估发生过什么。它们能够帮助投资者理解未来可能会发生什么,而不是肯定会发生什么。历史数据不足的策略可能无法充分反映潜在的风险。当然,也就不能充分预测未知的超额收益。但深入研究计算风险调整后收益的方法并理解什么会增加或减少这些比率是有意义的,它可以帮

第11章 风险调整后收益很重要

助我们确定投资者在投资组合中可以尝试和控制的变量。一些连续几年没有发生亏损的策略,可能无法使用这样的比率来揭示其下行风险。从这个角度来说,它们确实有一些缺点。

不幸的是,人们选择的退而求其次的做法,通常是不断地与整个市场的表现做比较,并以此来判断一种策略的表现好坏。这样的事情还有很多很多。同样具有挑战性的是,使用很多年的历史收益率为投资时间很少的人建立投资组合。标准饼图中的传统资产配置过于依赖历史平均水平,将其作为对未来的预测。9年前,债券利率比现在高得多,而且它已经连续35年下跌了。

如果我们确定了什么可以增加或减少诸如索提诺比率之类的东西,那么可以做些什么来构建一个更加现代化的新饼图呢?这种饼图需要专注于个人的目标,并理解许多投资者可能只有较小的时间窗口来实现增长和保护自己的资产,以便获得能支持退休后所需生活方式的收益率。

最后,也许投资者的目标不应该是简单地产生最高的收益率,而是管理那些会增加你风险调整后收益率的比率的因素。关注过程而不是结果,结果会自行解决问题。使用传统的惩罚上行正收益的衡量标准,似乎与典型投资者想要的结果不符。

因此,当我们审查那些有助于关注过程而非结果、相信结果会自行解决问题的策略时,我们可以做些什么来使用新的信息构建投资组合呢?高于MAR的较高收益率有助于提高索提诺比率。收益率越大越好，对吧？许多临近退休的人士可能仍需要更多的增长，以确保他们能从资产和未来收入中获得所需的金额。为了增加这种机会，你需要股票敞口。投资组合中普通股票成分所面临的挑战是，可能会出现2008年那样的亏损。距MAR较大的下行偏差会减小索提诺比率。

因此，如果投资者希望以后能够降低出现大规模亏损的概率或亏损出现的频率，那么，使用对冲下行风险或缓冲下行风险的策略似乎是有意义的。想想看，我们仍能抓住大部分的上行机会，但又限制了下行风险。如果你能将损失限制在一个可接受的水平之内，同时又能在市场上涨时获得收益，这难道不会增加你投资组合的风险调整后收益吗？

用典型的与年龄相关的股票和债券的组合构建的传统资产配置，通常遵循某种滑行路径，就像我们在关于目标日期基金的讨论中发现的那样。随着投资者离退休越近，投资组合要朝着固定收益类产品越来越多的方向调整，因为从历史上看，债券的总波动率（上或下）较小。但当我们回想那些投资于目标日期基金的临近退休的人所经历的艰难时期时，发现这些基金的设计初衷是希望在较短时间内产生接近长期平均水平的收益。不幸的是，这种情况可能不会发生。

介绍风险调整后收益的概念和说明其中两种方法的原理，是为了让投资者更好地了解，波动率产生的输入变量和收益率可能对他们的投资组合产生正向和负向的影响。它还说明了为什么仅仅以某个指数为基准，根据是否超越或低于指数的收益率来增加或减少投资，可能是没有意义的。

没有一个完美的度量或比率可以预测投资组合或投资产品中的每个风险。它们当然不能预测未来。人们为创造它们所做的工作令人印象深刻，特别是考虑到其中许多工作是在计算机或 Excel 电子表格出现之前完成的。经常出现的问题是，什么才是好的夏普或索提诺比率？对于夏普比率来说，结果越高越好。有时人们会指出大于 1 的水平是较好，大于 1.5 的水平是很好。其他人可能不会这么重视一个策略的数值是否够高，他们会直接把比率作为标准来比较类似的策略。那么，历史上市场产生的夏普比率为多少呢？

11.4 历史夏普比率：股票和美国国债

正如我们在上面所学到的，在计算夏普比率时，我们需要平均年收益率、其标准差，以及无风险利率。图 68 显示了连续到期的 3 个月期国库券的平均年利率。

从图中，我们能看到从 1934 年到 2015 年的平均年利率。人们经常会问，用什么来作为无风险利率。我倾向于直接使用 3 个月期的美国国债。但有时人们可能会使用 1 年期美国国债或短期商业票据。由于我们使用的年收益率始于 1928 年，因此在计算夏普比率时，我使用了 1928—1933 年的纽约 6 个月期的商业票据的年化利率。使用这种方法得到一个平均年化无风险利率，也就是 3.53%。

资料来源：美国联邦储备系统理事会和圣路易斯联邦储备银行。
图 68　1934—2015 年连续到期的 3 个月期国债的平均年利率

想象一下 1981 年的无风险利率约为 14%，这意味着当年的投资产品需要付出很大的努力才能创造出正的夏普比率。

我们考查了标准普尔 500 指数、10 年期美国国债和 60/40 的股票/国债组合的总收益率的夏普比率，如表 25 所示。

有趣的是，所有这些投资组合对年收益率的长期看法都非常接近。正如我们所说的，没有事情是完美的，它们只是通过回顾过去试图赋予未来风险调整后收益一些可预测的性质。即使使用了很多年收益的数据，可能也无法识别一些结构性变化。例如，2008 年之前的利率比 2008 年之后要高出很多。投资者仍需要对投资组合进行真正的风险评估，以确定对最终受益者来说它是否是正确的组合。

第 11 章 风险调整后收益很重要
Chapter 11 Risk-Adjusted Returns Matter

表 25 1928—2016 年投资组合夏普比率（无风险利率为 3.53%）

市场	夏普比率
标准普尔 500 指数总收益率	0.40
10 年期美国国债	0.21
70/30 标准普尔 500 总收益率和 10 年期美国国债	0.42
60/40 标准普尔 500 总收益率和 10 年期美国国债	0.42
50/50 标准普尔 500 总收益率和 10 年期美国国债	0.43
40/60 标准普尔 500 总收益率和 10 年期美国国债	0.42
30/70 标准普尔 500 总收益率和 10 年期美国国债	0.41
20/80 标准普尔 500 总收益率和 10 年期美国国债	0.37

资料来源：美国联邦储备系统理事会、圣路易斯联邦储备银行和纽约大学斯特恩商学院教授埃斯瓦斯·达莫达兰。

下一步

- 列出退休前和退休后要达成你的投资目标需要的收益率。
- 列出你现在投资的产品并评估它们的风险调整后收益和下行偏差。
- 思考使用对冲和缓冲来缓解下行偏差的策略。
- 评估一下你当前的投资组合的过程会使索提诺比率中的输入值更多为正还是为负。
- 你可以对当前的投资做些什么以限制剧烈下跌时的跌幅？

第 12 章

最后的想法

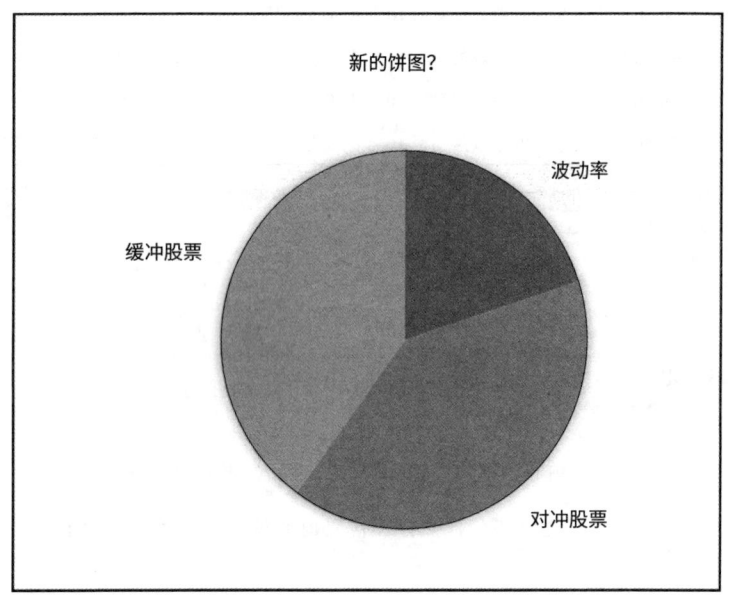

你更新后的饼图中会有什么呢？它会和以前那些年一样，还是会有新的变化呢？也许它会和上面的饼图类似？每个投资者的百分比都是不同的，但对冲股票、缓冲股票和波动率可能会在更新的投资组合中占有一席之地。

在本书中，我们研究了传统的投资组合及其历史平均值。我们

第 12 章 最后的想法
Chapter 12 Final Thoughts

讨论了使用长期平均值对未来大约 10 年进行假设的问题。在未来，投资组合中债券的情况变得有点不乐观，因为如果利率保持低位，实际收益率可能低于平均标准。如果利率上升，债券价值就会受到冲击。我们已经看到，从长期历史收益中减掉票息支付后，几乎所剩无几。

与其试图预测下一次的经济低迷或衰退，不如做好准备。准备好利用上涨的机会赚钱，同时将下行风险降至最低。人们总是试图预测市场的顶部和底部。但长期来看，市场上涨的时间和幅度都超出了人们的预期。它也出现过抛售时期，价值降到了看似不可能的水平。

当市场出现抛售时，那些持有传统的资产配置的投资者会被告知，投资是一个长期的过程，其中包含许多波峰和波谷。如果某次市场修正十分严重，当地的新闻很可能会找一个人来谈论一下市场。早间新闻通常给你提供交通、天气和地区新闻等信息，但它突然也会插播一段超过 30 秒的市场新闻。在报道一家新开的纸杯蛋糕店时，他们也会在屏幕的底部加上一个窗口显示道琼斯指数的价格。

一位金融专家会出面安抚投资者，告诉他们要冷静，现在不是抛售的时候。他会指出市场在长期内是如何经历修正的，以及为什么这个过程是健康的。坚持到底，继续投资多元化的投资组合。他们可能还会说，要确保你没有把资金的 100% 全投入股票，而且要确保你投资的是股票和债券的组合，以降低下行风险。他们甚至可能会抛出那个旧公式,即用100减去你的年龄得到应该投资于股票的百分比。别忘了那些使用了这个模型和传统配置的目标日期基金遭遇了什么。

每当我看到类似上述的情况,我认为人们不应该被告知,只要我们按照以往的方式继续下去,一切都将好转。当然,他们也不应当在惊慌失措之后做出草率的决定。我们应当敲响警钟,投资者与其照本宣科,不如抓住机会想一想,他们是否想要在自己的投资组合中加入真正的保护。为了保护和增加资产以实现投资目标,你打算做些什么?你投资的时间范围是什么(不要去想是100年)?

在2008年经济低迷期间,我看到各种各样的人在地方和国家新闻中试图解释正在发生什么。在经济低迷的各个阶段,我听到的都是一样的事情。市场抛售的程度已经这么大了,继续走低将是前所未有的。不过最终它确实跌得更低了。他们谈到了分散投资这件事,说将投资组合分散在不同的板块和资产类别中的这种合理的资产配置会如何控制损失。但这种方法没有奏效,因为大多数产品在此期间变得高度相关了。

对许多投资者来说,问题在于为长期投资设计的投资组合并不适合那些距退休时间较短的人。以我们研究过的退休年份为2010年的目标日期基金在危机期间的表现为例。它们亏损的严重程度令许多投资者感到震惊。正如我所坚持的,目标日期基金从来不能对抗下跌损失。相反地,它们只是将配置更多地转向了债券。如果下

第 12 章 最后的想法
Chapter 12 Final Thoughts

行保护真的是这些快要退休的人想要的，为什么不使用股票对冲策略呢？

从 2008 年之后，甚至直到今天，我仍然看到投资者在最糟糕的时候卖出，然后保持投资不足或持有现金，因此错过了反弹的时机。这种恐惧是很自然的。真正的对冲可以通过持有某种头寸来减少下跌损失，这种头寸可以帮助我们避免收益率低于一定门槛时的风险。想象一下，如果在这段时间里，投资组合中有真正的对冲，而不是软缓冲。结构良好的对冲策略的特征之一是在避开了大部分的下跌之后，投资者能够使用对冲的收益以更低的价格更多地参与市场，或避免损失。

我们也研究了缓冲增长策略的理念，即在市场回撤至一定水平时提供缓冲，但仍以最积极的方式捕捉上行机会。好消息是，在大多数年份，平均而言股市都是上涨的。在某些年份，它们的表现优于某一年可能出现的某一收益率。这些复合头寸有类似于股票的特征，但损益图却是移位的。同时，它们利用了投资组合核心是波动率较小的固定收益类产品的风险替换方法。

使用投资组合的一小部分来做空波动率，给投资者带来了一个另类的收入策略，这个策略不仅仅依赖于市场上涨。2008 年后，我们开始看到黑天鹅风险保护基金出现，它们出售价外值很高的看跌期权。由于做多市场的波动率会随着时间的推移而侵蚀资金，基金持续亏损也就不足为奇了。使用这种基金来构造一个与股票成比例的头寸的成本似乎相当高。随着时间的推移，在自身风险存在的情况下，投资者卖出执行价格距市场价格很远的期权的波动率，比持有这些波动率的概率更高。如果你想象一下，你需要连续很多年按月支付你的汽车保险费，你支付的费用总和最终会远远超过你汽车的现值。

随着我们进入下一个十年，市场可能不会像过去那样表现，固定收益类资产的收益率可能会经历最具挑战性的时期之一。为什么不尝试新的方法和策略呢？有趣的是，如果要产生最佳的风险调整后收益被认为是仍然采用某些经典资产配置的理由，那么为什么夏普比率如此之低呢？

我希望不仅投资者能够获得和使用这些另类的投资方法，金融界也能接受这些新的想法并参与讨论。

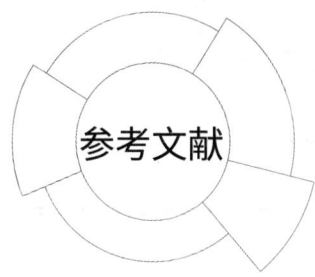

参考文献

Bank of England. (2016). Retrieved from https://www.bankofengland.co.uk/monetarypolicy/decisions.htm

Bary. (2014). Retrieved from http://www.barrons.com/articles/target-date-funds-take-over-1404460045?mg=prod/accountsbarrons

Blinder & Zandi. (2010). Retrieved from http://www.imf.org/external/pubs/ft/fandd/2010/12/Blinder.htm

Braham. (2013). Retrieved from https://www.bloomberg.com/news/2013-01-18/a-devil-s-bargain-faces-investors-in-popularstructured-notes.html

Brigham & Ehrhardt. (2014). *Financial management: Theory and practice* (14th ed.).

Buffett & Loomis. (2001). Retrieved from http://archive.fortune.com/magazines/fortune/fortune_archive/2001/12/10/314691/index.htm

Businessinsider.com. (2016). Retrieved from http://www.businessinsider.com/every-stock-market-crash-in-past-60-years-2016-6

CBOE.COM. (2017). Retrieved from http://www.cboe.com/blogs/options-hub/2017/03/01/eight-charts-highlighting-growth-in-options-and-vix-futures

CNN.Money.com. (2005). Retrieved from http://money.cnn.com/2005/12/27/news/economy/inverted_yield_curve/index.htm

Damodaran. (2016). Retrieved from http://pages.stern.nyu.edu/~adamodar/ (cited in both text and graphs/tables)

Federal Reserve. (2017). Retrieved from https://www.federalreserve.gov/releases/h41/current/h41.htm#h41tab9

Federal Reserve Bank of Atlanta. (2017). Retrieved from https://www.frbatlanta.org/chcs/wage-growth-tracker.aspx?panel=1

FRED. Retrieved from https://fred.stlouisfed.org/series/ECBASSETS

FRED. World Bank, Life Expectancy at Birth, Total for the United States [SPDYNLE00INUSA]. FRED, Federal Reserve Bank of St. Louis. Retrieved from https://fred.stlouisfed.org/series/SPDYNLE00INUSA. Accessed on July 28, 2017.

Furth. (2013). Retrieved from http://www.heritage.org/debt/report/high-debt-real-drag#_ftnref3

Gallup. (2014). Retrieved from http://news.gallup.com/poll/168626/retirement-remains-americans-top-financial-worry.aspx

GPO.gov. (2009). Retrieved from https://www.gpo.gov/fdsys/pkg/CPRT-111SPRT53067/pdf/CPRT-111SPRT53067.pdf

Hale. (2017). Retrieved from http://www.cbsnews.com/news/oppenheimers-bond-fund-blowup-worse-than-you-think/

KFF.Org. (2014). Retrieved from http://www.kff.org/other/stateindicator/avg-annual-growth-per-capita/?currentTimeframe=0& sortModel=%7B%22colId%22:%22Location%22,%22sort%22:%22asc%22%7D

McDonald. (2013). Retrieved from http://fortune.com/2012/03/12/meredith-whitney-was-right/

参考文献
Bibliography

Meisler. (2017). Retrieved from https://www.bloomberg.com/graphics/2017-state-pension-funding-ratios/

National Bureau of Economic Research. Retrieved from http://www.nber.org/cycles.html (table).

NOAA.gov. (n.d.). Retrieved from http://www.lightningsafety.noaa.gov/odds.shtml

OMB. (2017). Retrieved from https://www.whitehouse.gov/omb/budget/Historicals

Retirement Funds Glidepath. Retrieved from https://www4.troweprice.com/iws/wps/wcm/connect/cb07f2804dc1463caf7dbf2f8c725be8/RetirementFunds_Glidepath_HardCard.pdf?MOD=AJPERES& CACHEID=cb07f2804dc1463caf7dbf2f8c725be8

Reuters. Retrieved from http://www.reuters.com/article/us-japanboj-balancesheet-idUSKBN18T04D

SEC.GOV. (2010). Retrieved from https://www.sec.gov/news/press/2010/2010-103.htm

Statista.com. (n.d.). Retrieved from https://www.statista.com/statistics/224579/worldwide-etf-assets-under-management-since-1997/

Steyer. (2014). Retrieved from http://www.pionline.com/article/20141124/ONLINE/141129936/cerulli-target-date-funds-snagging-larger-share-of-401k-assets

Templeton. (2009). Retrieved from https://seekingalpha.com/article/112934-dow-dogs-were-dogs-in-2008-what-about-2009

uky.edu. (n.d.). Retrieved from http://www.uky.edu/~dsianita/695ec/failure.html

WSJ.COM. (2011). Retrieved from http://www.wsj.com/video/cuban-on-investingdiversification-is-for-idiots/233AE43E-9DA3-40A3-8F6B-9DC23DD82BEF.html

WSJ.COM. (2017). Retrieved from https://blogs.wsj.com/economics/2017/05/19/how-cell-phone-plans-with-unlimited-data-limited-inflation/

Ycharts. (2016). Retrieved from https://ycharts.com/indicators/sandp_500_dividend_yield_ttm/chart/#/?securities=id:I:SP500DYT,include:true,,&calcs=&correlations=&zoom=3&startDate=&endDate=&format=real&recessions=false&chartView=& chartType=interactive&splitType=single&scaleType=linear& securitylistName=&securitylistSecurityId=&securityGroup=&displayTicker=false&title=&note=&units=false&source=false&liveData=false&quoteLegend=true&legendOnChart=true&partner=basic_850&useEstimates=false